中公新書 2196

兼田麗子著

大原孫三郎

——善意と戦略の経営者

中央公論新社刊

はじめに

大原孫三郎とは

大原孫三郎《おおはらまごさぶろう》（一八八〇－一九四三）とはどのような人物か、と尋ねてみたら、どんな回答があるだろうか。孫三郎について聞いたことのある人は、金持ちの道楽息子で社会事業にもお金を使った人と答えるかもしれない。また、ある人は大原美術館をつくった人物と言うかもしれない。

このように、大原孫三郎は様々な視点から語られるが、岡山県倉敷《くらしき》の大地主と倉敷紡績の経営者の地位を父親から継承し、美術館や科学研究所、病院の創設など、社会や教育などのためにも尽力した実業家である。

小作人に臨時の利益還元

一九一九年（大正八年）三月、孫三郎は、小作人に一年限りの利益分配を行った。その理由は、「昨年は風水害のため凶作に近い年柄《としがら》であったが、地主側としては米価が非常に高値を示せるためにその懐具合は決して悪い年柄ではなく、寧《むし》ろよい年柄であったというのが実情」だったからであった。

地主であるだけではなく、産業資本家でもあったことが有利に働いたことは確かであるが、小作争議が起こっていた時期に、孫三郎は地主として、一種のボーナスのようなものを小作人に提供していたのであった。

経済社会的格差の拡大によって労働運動や社会運動が頻発するようになった時代、孫三郎は、地主と小作人、労働者と資本家の利害は一致する、従って共存共栄を目指さなくてはならないと考えた。そして、社会をよくするための対策を孫三郎は考え、積極的に講じていった。

孫三郎は、青年期に使命感に目覚め、「余がこの資産を与えられたのは、余の為にあらず、世界の為である。余に与えられしにはあらず、世界に与えられたのである。余は其《その》世界に与えられた金を以《もっ》て、神の御心《みこころ》に依《よ》り働くものである。金は余のものにあらず、余は神の為、世界の為に生れ、この財産も神の為、世界の為に作られて居るのである」と考えるようになった。そして、このような理想や使命感を孫三郎は生涯持ちつづけたのである。

「片足に下駄、もう片方の足に靴を履いて」

しかし、孫三郎は「自分の一生は失敗の歴史であった」とよく語っていた。[1]「片足に下駄《げた》、もう片方の足に靴を履いて」と自ら表現したような、本業の経営活動（経済性、理）と社会事業的活動（倫理性、情）の両立は、不況による経済事情などの側面からも相当難しかった。このあたりのことを息子の總一郎《そういちろう》（一九〇九－六八）は次のように振り返っていた。「もう投げ出そうと思ったことも再三あった、と後で父の関係の人達から聞かされたが、それでも私に対して弱音を吐いたり、困惑したという表情を見せたことは殆《ほと》んどなかった」(2)。

反抗の精神

それでも、孫三郎が「下駄と靴」の両立を放棄しなかった理由は、単に理想主義者的な側面だけでは説明できない。反抗の精神が大きな力となっていた。幼少期から金持ちの息子だということで色眼鏡で見られてきたため、強い人間でなければならないと悟ったことによって、孫三郎は、負けることが嫌いな、反抗の精神が強い人物となっていった。

1917年、岡山の天瀬別邸にて（左より夫人寿恵子、母恵以、長男總一郎、孫三郎）（大原孫三郎傳刊行会『大原孫三郎傳』より）

そのような孫三郎は、設立した施設の運営を放棄するのではなく、本来は会社から出してもよさそうな経費までも自分の財布から出して維持を図ったりした。

また、自らの過ちを反省し、

生涯それを背負いつづけたことも「下駄と靴」の両方を放棄しなかった理由であろう。孫三郎は、東京に出て、東京専門学校（現早稲田《わせだ》大学）に籍を置いたが、もっぱら実社会での勉強に終始して、大借金をつくるなど大きな失敗を犯してしまった。孫三郎と親しかった倉敷教会の牧師、田崎健作《たざきけんさく》（一八八五―一九七五）曰《いわ》(3)く、生涯の呵責《かしゃく》に孫三郎はさいなまれつづけたのであった。

一九〇二年（明治三十五年）四月十一日の孫三郎の日記には、「旧約を読了。さらに旧約を再読するか、新約聖書の三読にかかるか（中略）聖書の研究はまだまだ、これから益々《ますます》勉強しようとの決心。聖書を反覆熟読するようになって、反省、天職を見つけた」と書かれている。

また、五月十四日には、「昨日聖書研究にて馬太《マタイ》伝四章を読んだ。余は丁度この悪魔の試みにあったのである。この悪魔の為、数年間迷って居たのである。この悪魔の為全く失敗したのであった。併《しか》しその悪魔の手から救い出され、救い出されて初めて全く失敗であり罪である事を、やっと知ったのであった。罪であることを知る事が出来たから、悪魔から離れることも出来たのである。これは全く御心《みこころ》に反して居ったのだが、その救われたるによりて、余の尽すべき天職、神の命じ賜《たま》う天職を教え賜うたのである。キリストは悪魔の大誘惑に打勝ち賜うた。余は悪魔に誘惑されて其手に陥ったが、幸にその悪魔たる事を教え賜い、而《しこう》して余の天職を教え賜うたのである。嗚呼《ああ》神は余を全く救い賜うたのである」と綴《つづ》っていた。

「正しく理解されなかった人」

このような孫三郎について總一郎は、次のように回顧していた。「父の残した事業は今では形態上変貌《へんぼう》したが、内容的には存続しているものもかなり多いので、それらの業績から父に対する現在の評価はむしろ恵まれていると思う。しかし、生前は必ずしも今のようには評価されていなかった。それは非常に分りにくい性格の持主だったからであろう。その分りにくさは茫洋《ぼうよう》として捕え難いという類のものではなかった。尖鋭《せんえい》な矛盾を蔵しながら、その葛藤《かっとう》が外部に向かってはいろいろな組み合わせや強さで発散したから、人によって評価はまちまちだった。むずかしい人だったという人もあれば、親しみ易《やす》い人だったという人もあり、冷たい人だったという人もあれば、温かい人だったという人もある。要は正しく理解されなかった人であったと思う[4]」。

大原美術館が創設され、正面玄関の両脇《りょうわき》にはロダンの洗礼者ヨハネの像とカレーの市民の像が置かれた。このとき、このヨハネの像を見た倉敷の人のなかには、孫三郎が父親の裸体像をつくらせた、何も裸にしなくてもよいだろうと陰口をたたいた人もいたという。また、左翼の運動家が演説で、資本家の搾取の見本だと槍玉《やりだま》に挙げたこともあったと伝えられている。

孫三郎は、「仕事を始めるときには、十人のうち二、三人が賛成するときに始めなければいけない。一人も賛成がないというのでは早すぎるが、十人のうち五人も賛成するようなときには、着手してもすでに手遅れだ、七人も八人も賛成するようならば、もうやらない方が良い」

と言っていた。

また、「わしの目は十年先が見える。十年たったら世人にわしがやったことがわかる」と孫三郎は冗談めかしてよく言っていたという。この孫三郎の言葉から十年をはるかに超えた今、「下駄と靴をはいて歩こうとした」孫三郎を正しく評価する機は熟しているだろう。

目次

第二章　家督相続と企業経営――倉敷紡績と倉敷絹織――　33

第一章　使命感の誕生——反抗の精神を培った十代

一　倉敷の歴史的風土

幕府直轄地——天領

倉敷は天領《てんりょう》、すなわち江戸幕府の直轄地だった。幕府直轄地の行政（農政、徴税、検地、法令の領民への伝達、領民から幕府への訴訟取次など）は、派遣された代官が代官所を基点に行ったが、支配機関としての代官所は脆弱《ぜいじゃく》なものであったらしい。

「代官所の構成員だけでは、広域にわたる治安・警察機能は勿論《もちろん》、年貢徴収事務ですら充分に成し遂げられなかったのではないか」という指摘もある。(1) 通常の藩では、藩主以下の武士団が治安維持などの行政・支配任務を遂行していた。しかし、そのような武士団が存在しない幕府直轄地では、代官所と各村との間に、中間的・自主的な行政・支配機構が存在するようになっていった。

自主的・民主的共同体の存在②

実際、倉敷にも中間的・自主的な行政・支配機構が存在していた。村々のまとまりである組合村から惣代庄屋《そうだいしょうや》が選出され、関係域内全体に関することを協同で負担・解決しようという活動がなされていた。また、各郡内の村々の庄屋による合議制がすでに採用されており、各村の意向が集約される形で、代官所から委任された行財政・地方行政が支えられていた。

つまり、自分たちの生活と地域を人任せにするのではなく、また、権力によって支配されるのでもなく、合議制に基づいて自主的に、自分たちでコントロールする、といった民衆参加型の共同体運営が倉敷では早くから行われていたのであった。当然ながら、自分たちの意思が反映される地域共同体の存在を身近に感じていたはずであり、自分たちの地域を重視する傾向が強かったと言えそうである。

大原孫三郎の地域重視の姿勢には、父、祖父にさかのぼる家系から受け継いだ影響も大きいが、倉敷のこのような風土が大きく影響していたことは否定できないだろう。

倉敷義倉

倉敷には、各人が分に応じて米や麦などの穀物を毎年提供し、いざというときの救貧活動に役立てるという「倉敷義倉《ぎそう》」の伝統があった。この伝統がまさに倉敷の人々の気質をよく体現していると引き合いに出されることも多い。義倉は明治まで続いていたが、運営の難しさから下火となっていたため、一八七〇年（明治三年）に「続《ぞく》義倉」が新たにつくられた。このとき、孫三郎の祖父壮平《そうへい》（一八〇三－八二）もこれに進んで参加していた。孫三郎の父の孝四郎《こうしろう》（一八三三－一九一〇）も、地域の慈恵的役割を積極的に担っていた。

『倉敷市史（第十冊）』には、大原壮平について「勤王の志厚く皇居造営の費を献ず、其他道路の改修学校の建築或《あるい》は窮民賑恤《しんじゅつ》等に金穀を出捐《しゅつえん》すること十数回に及ぶ、晩年に至て益《ますます》富む、しかも倹素を守り貧民を救助するを以て楽とせり」という記述がある。同様に、孝四郎についても「深く心を教育に注ぎ一万円を擲《なげう》ちて倉敷奨学会を設け以て児童就学の便を図り又有為の青年にして学資に窮せるものには是《これ》が資金を貸与して成業せしむ」と記述されている。

二　その生い立ちと環境

豪快な祖父

大原家は、十五世紀の半ばに児島《こじま》半島（備前《びぜん》国児島《こじま》郡片岡《かたおか》村）から倉敷へ移住してきた繰綿《くりわた》仲買商の児島屋にさかのぼることができる。七代目の孫三郎は、父孝四郎と母恵以《えい》の三男として一八八〇年（明治十三年）七月二十八日、倉敷に生まれた。

天領であった倉敷の歴史的風土については、前述したように自由、大らか、自治、責任の精神が宿り、それらも影響して独特の人物が輩出されたと指摘される。祖父の壮平もまた、自由な企業家精神を持ち、それまでの家業であった米穀問屋と呉服商に加えて、金融業も営むようになり（そのさい、呉服業のほうはすべてを番頭に譲った）、一八六二年（文久《ぶんきゅう》二年）からは倉敷町の庄屋を務めるようになった。その前年には倉敷で同じように勢力を誇っていた大橋《おおはし》家も倉敷町の庄屋となっていた。

祖父の壮平は、新たに勢力を持つようになった新興商人である新禄《しんろく》に属していた。明治維新直前の一八六六年（慶応《けいおう》二年）には、対立していた同じく新禄に属する大橋敬之介が長州《ちょうしゅう》脱藩の奇兵隊約百五十人を引き連れて倉敷代官所を襲撃、焼き討ちにするという倉敷騒動が起こった。暴徒は引き上げる途中、大原家にも威嚇の鉄砲一発を打ち込み、壮平は左耳たぶを切られた。このとき壮平は、「治療が不可能ならば、切断すればよい。まだ右の耳があるから大丈夫だ」と医師に言って動じなかったと伝えられる豪快な人物であった。

明治維新以降、物価の高騰と土地制度の改正のあおりを受けて窮乏し、農地を手放す農民が増加した。それに伴って地価は下落した。そこで壮平は多くの農地を買い集め、大地主となっていった。

また、諸藩への融資が回収不能になって破産、没落する豪商が各地で頻出した。大原家でも、近隣の庶民に対しての貸付金の回収が大きな懸案事項となった。岡山裁判所に訴訟を提起したが、なかなか解決しなかった。そのため、壮平は、七十歳を過ぎていたにもかかわらず、司法省中央裁判所へ上告するために単身で東京へ出向いた。そのような機動力も有した人物であった。

謙受説と「二三のマーク」

壮平は、事業に精を出しただけではなく、学問にも身を入れた。壮平は、一八五六年（安政《あんせい》三年）から一八六五年（慶応元年）まで、倉敷に簡塾《かんじゅく》という私塾を開いていた森田《もりた》節斎《せっさい》（一八一一―六八）に五十歳過ぎから師事し、「満は損を招き、謙は益を招く」という謙受《けんじゅ》説の教えなどを体得したのであった。

　この謙受説は、壮平と同様に節斎に師事した孫三郎の父孝四郎のモットーにもなっていた。当時、簡塾では、少年時代の西毅一《にしきいち》（薇山《びざん》、一八三四―一九〇四）も学んでおり、年齢差を超えて交誼《こうぎ》を結んだ孝四郎と西の親交はその後長く続いた。西毅一は、その後、国会開設運動など政治活動に携わり、一八八一年（明治十四年）から郷校《ごうこう》、閑谷黌《しずたにこう》（閑谷学校）

森田節斎の謙受説を基に大原孝四郎が考案した二三のマーク（筆者撮影）

の復興運動をリードした。再興が果たされた一八八四年からは教頭、黌長を務めた。

孝四郎は、一八八八年に倉敷紡績を設立したさい、森田節斎からの教え、「謙受説」にヒントを得て、倉敷紡績の社章として「二三《にさん》のマーク」（漢数字の二の字の下に三角形をなす点、三つからなる）を考案した。これには、「とかく人間は一番だと思うと慢心し、心が弛緩《しかん》して退歩するものであるから、いつも一番に迫ろうとする希望に満ちた二、三番の謙虚な気持ちで不断の努力を続けるべきである」という意味が込められている。また、後に孫三郎の手によって倉敷紡績の経営多角化の一環として誕生した倉敷絹織《けんしょく》（現クラレ）の社章「二三印」にも同様の意味が込められている。

儒家出身の父

孝四郎は、壮平に見込まれて、縁続きの藤田《ふじた》家から大原家に養子に入った人物であった。孝四郎の祖父、藤田蘭皐《らんこう》（一七六一－一八〇四）は岡山の儒者で、丹後《たんご》宮津《みやづ》藩主に重用された儒者の江村北海《えむらほっかい》（一七一三－八八）に師事し、赤穂《あこう》藩の儒者である赤松滄洲《あかまつそうしゅう》（一七二一－一八〇一）とも親交を持っていた。この儒家の流れを継ぐ孝四郎は、漢籍に明るく、書画を好み、大原家に養子に入る前は俳句をつくるなど、風流を愛する文人だった。同時に孝四郎には、「やるべし、大いにやるべし」という精神で、古いものや周囲にこだわらずに新しいことに着手する側面があった。大原家に養子へ入って以降は、勤勉さと独創性によって、引き継いだ家業を発展させた。孫三郎は、後年、「人間、心がけ次第で如何様《いかよう》にもなる」と語っていたのだが、そのさいには、生家とはまったく異なった養家での務めを果たした父孝四郎を例に出した。

孝四郎の祖父や曽祖父《そうそふ》は頼山陽《らいさんよう》（一七八〇－一八三二）や浦上玉堂《うらかみぎょくどう》（一七四五－一八二〇）らと親交があり、その書画などを多数所蔵していた。孫三郎の東洋絵画のコレクションの原点には、藤田蘭皐が蒐集《しゅうしゅう》したと思われるものも含まれており、そのような影響もあって孫三郎も玉堂の作品を好んで蒐集したと思われる。いずれにしても孫三郎は、このような家系から謙受説のモットー、自由な精神、学問を尊重する姿勢、そして大きな社会や新しい世界へ関心を持つという性質を受け継いだのであった。

大原家唯一の貴重な男児に

大原家は、岡山県下の三十九町村に五百町歩（一町歩＝約一ヘクタール）以上の土地と二千五百人を超える小作人を擁していた。このような大地主の大原家には、孫三郎の上に女二人と男一人、さらには早世した男女二児がいた。そのようななかで孫三郎は誕生した。孝四郎が四十七、八歳という年齢のときの子供であった。すぐ上の兄が生後間もなく死亡していたので、戸籍上は三男ではなく、次男として届け出られた。

孫三郎誕生の一年後、長男の基太郎《もとたろう》が二十歳で急逝してしまった。そのため、大原家唯一の男の子となった孫三郎は、甘やかされて育てられ、癇癪《かんしゃく》持ちで気性の激しい子供になっていっ

幼少期の孫三郎（一般財団法人有隣会提供）

たと伝えられている。倉敷尋常小学校に入学後は、金持ちのわがまま息子という扱いをする教師も多かった。また、反感を示す子供仲間もいた。孫三郎が後に、教師などの権威を嫌い、真の友人を求めるようになったのには、これらの生い立ちが大きく関係していた。

遊び仲間の「五人組」

高等小学校時代の孫三郎は、後年、社会主義者として知られるようになった山川均《やまかわひとし》[3]（一八八〇－一九五八）や藤波啓太郎、山本兵一、木村光一の「五人組」でよく遊んだ。五人は、かくれんぼうや相撲、鬼ごっこの他に、大原家で読書をしたり、孫三郎が持ち出した書画の掛軸を見て遊んだりもした。また、回覧雑誌もつくったりした。

孫三郎たちは、漢籍の講義を月に数回、夜に聴きに行ったこともあったが、新しいものに興味を抱いていたため、漢籍の勉強は長続きしなかった。その後、「五人組」は、東京の高等学校で学んでいた人物が夏休みで帰郷した機会をとらえて、英語の講義を開いてもらうようになった。英語を教わるだけでなく、東京の学校についての話も聞いた。そのため「五人組」は、東京遊学の夢を膨らませるようになり、東京の学校から案内書をいくつか取り寄せてはいろいろと語り合った。

ちなみに当時は、高等小学校を卒業すると、大部分の者は家業を継いだり、就職をした。そのようななかで余裕のある家の子供は、倉敷近辺では、岡山県内にある閑谷黌（岡山藩主池田《いけだ》光政《みつまさ》〔一六〇九－八二〕が創設した郷校）や興譲館《こうじょうかん》（儒学者阪谷朗盧《さかたにろうろ》〔一八二二－八一〕が督学を務めた、一橋《ひとつばし》領代官設立の郷校）、あるいは京都の同志社《どうししゃ》へ進む場合が多かったようである。

図画と習字が得意な高等小学校時代

高等小学校の二年から四年次を通して孫三郎の隣の席に座っていた同級生、藤原敞一《ふじわらたかいち》が当時の孫三郎のことを自伝の中で回顧している。(4)「大原君は倉敷一の大富限者の子で学用品等が豊富なだけでなく、天性図画や習字を得意とした。当時の鉛筆画であるが、吾々《われわれ》がH、B一本で書くのと、大原君がH、Bの外に2H、2B、4B、6B等を使い分けて画き出す陰影の面白さは、到底他の者の及ばぬ所であった。私は並んでいる関係で毎時間のように画用紙や清書用の三つ折と云《い》う雁皮紙《がんぴし》は常に官給のように頂戴《ちょうだい》していた。大原君は図画や習字が吾々に一歩優越していたのに、反対に算数其他は少くも私には一等を輸《ゆ》していた」というのであった。

また、藤原は自身について、「学校試験は何時《いつ》でも九八又は一〇〇点であった。就中《なかんずく》算術は他生を引き離して良かった。学年末には一番で進級した」とも書いていることから、成績優秀者であったことが想像できる。そのためか、孫三郎の学友（二人がけの机の隣の席）として先生に選ばれつづけていたようで、そのことを藤原は卒業後に知ったということであった。

孫三郎については、「大原君も成績も中以上には位していた」という記述があるが、その他、「大原君はインコーであった。大原君は咽喉《いんこう》カタルで声が少し変であった。何の事はない他愛《たわい》のないものであった」とも藤原は回顧していた。

なお、金持ちの息子であるために孫三郎に反感を持つ人たちがいたことは前述したが、これに関連して、藤原の自伝に書かれている次のエピソードも紹介しておこう。

孫三郎は、東京遊学から帰郷した頃に藤原を勤務先の小学校に訪ねたことがあった。両者の間で、「君はもう少し偉くなる人だと思っていた」（孫三郎）、「貧乏人は働きつつ勉強して行くんだから、小学校教員が関の山だよ」（藤原）という会話が交わされた。そのとき孫三郎が、「そんなら君、東京へ行って勉強せぬか、費用は僕が出す。目下月十二円も出したらカツカツやれるよう」だと言った。

この件を藤原は父親に相談した。すると父親は、「折角《せっかく》勉強しても又出世しても、大原の家子のように云《い》われたらそれもイヤだよ」と応《こた》えたというのである。反感とまではいかないまでも、富裕者に対する意地のようなものが表れている。

ちなみに藤原は、この孫三郎の申し出で人生が変わった。父親が月に十二円ぐらいならば頑張れば仕送りできるということになり、藤原は翌年四月、勉学のために上京することができたというのであった。

閑谷黌へ

藤原の回顧によると、クラス内で上級学校への進学を予定していたのは、孫三郎ともう一人のみだったという。しかし孫三郎は、体調を崩すことが多く、病気欠席が多かった。そのため孫三郎は、進学に備えて実力をつけるためということで、最終学年の四年次をもう一度繰り返すことになった。その他の同級生たちは卒業していった。このことによって孫三郎は、学校通いが嫌になり、ますます欠席が増えた。

少年期の孫三郎（『大原孫三郎傳』より）

　このような孫三郎を心配した父孝四郎は、かねてから交流を持ち、信頼を厚くしていた西毅一に孫三郎を託すことを決断した。こうして孫三郎は、姉卯野《うの》の夫であった原邦三郎《はらくにさぶろう》の出身校でもある閑谷黌

（予科一年・本科三年の四学年制）の予科に一八九四年（明治二十七年）十二月入学した。(5)しかし、邦三郎は、孫三郎の進取的な気性が閑谷黌には合わないのではないかと心配していたと伝えられている。

この後、欠席のために原級留まりとなった高等小学校については、どうなったかということについてもふれておこう。高等小学校の担任教師が、正式に卒業することを勧めたため、孫三郎は、閑谷黌で学びだした後に高等小学校の四年次に編入した。そして卒業試験を無事に終え、一八九五年三月に倉敷精思《せいし》高等小学校を卒業したのであった。

閑谷黌での寮生活

中江藤樹《なかえとうじゅ》（一六〇八―四八）、熊沢蕃山《くまざわばんざん》（一六一九―九一）、山田方谷《やまだほうこく》（一八〇五―七七）の学風を継ぐ閑谷黌は、厳しい規律と質素さで定評があったが、早起き、麦飯の食事、寝床の衛生状況など、閑谷黌での軍隊式の団体生活に孫三郎は苦労したようであった。「此処《ここ》は蚤頗《のみすこぶ》る多きため夜更けにならねば到底寝られ申さず候」ということを孫三郎は父に宛《あ》てて書いていた。

孫三郎は、閑谷黌から親元へ頻繁に書簡を書き送っていたが、そのなかには、「菓子代、火鉢、燐寸《マッチ》、月謝、油代、汽車賃、車賃、吉備《きび》団子九銭」などというように、小遣いの使途が延々と綴られているものもある。父孝四郎は、孫三郎に無駄遣いを戒め、小遣いの使途を毎月報告させていたという。孫三郎が金持ちの子であるため、菓子代などを孫三郎に払わせた先輩やや同級生もいたようである。

当時の閑谷黌では、出身地域による派閥が形成されており、備中《びっちゅう》派と作州《さくしゅう》派が争っていた。孫三郎は、金持ちのわがまま息子だと反感を持った対立地域の作州派の寮生集団に、布団をかけられて一種の羽交い締めにされる「布団蒸し」にされたこともあった。このとき孫三郎は、作州派の学生の予想に反して、決して「まいった」と言わなかったため、これ以降、作州派の学生も孫三郎に一目を置くようになったというエピソードが残っている。

東京進学の夢

閑谷黌と倉敷の自宅を孫三郎が行き来した回数は決して少なくなかったようであるが、孫三郎は、その後も山深くにある閑谷黌で、落ち着いて勉学に励んだ。後に、孫三郎の後を継いで倉敷紡績の社長になった神社《かんじゃ》柳吉も同級生であり、両者の親交はこの頃にさかのぼることができる。

閑谷黌の予科では、漢学、英学、数学、歴史の四科目を学んだ。孫三郎の閑谷黌入学にさいして義兄の邦三郎が早くから見てとっていた孫三郎の進取的側面は、閑谷黌でもこの頃から顕著になってきた。孫三郎は、西薇山校長の孟子《もうし》に関する講義に緊張した心持ちで耳を傾けるいっぽう、徳富蘇峰《とくとみそほう》（一八六三―一九五七）の『国民新聞』や福沢諭吉《ふくざわゆきち》（一八三四―一九〇一）の『時事新報』その他、読みたい書籍（ウッドロウ・ウィルソン『政治汎論《はんろん》』高田早苗《たかたさなえ》訳、早稲田大学出版部、一八九五年〔明治二十八年〕など）[6]を書店から取り寄せて積極的に読んだ。また、日《に》露《ち》戦争後の国内外の社会情勢についても関心を持つようになった。

孫三郎は次第に、閑谷黌での学問に飽き足りなくなった。こうして孫三郎の山間部での学習生活は二年弱で終わりを告げた。一八九六年十一月になって孫三郎は、岡山の藤田家（父方の実家）に寄寓《きぐう》するようになった。父には「小生儀明日より師範学校英学教師梅津《うめづ》と申す人の内へ通学致す積りに御座候」という便りを一方的に出しただけであった。仲良く遊んだ「五人組」のうち、山川も含めて三人が高等小学校を終えてすでに京都の同志社へ進んでいた。孫三郎は、「五人組」仲間で憧《あこが》れをもって語り合った東京遊学への夢を持ちつづけていたのか、東京で勉強することを望んでいた。

閑谷黌への入学時には、孫三郎には校風が合わないだろうと心配しつつも入学の手続きをとった邦三郎は、今回は致し方ないことと考え、孝四郎の説得にあたった。こうして孫三郎は、一八九七年一月に念願かなってついに東京行きを果たした。

悪友との都会生活

上京した孫三郎は、ほどなくして東京専門学校（早稲田大学の前身）に入学した。しかし、親元を離れ、自由な広い社会で新しい人たちに出会うなかで孫三郎は、次第に学校での勉学から は遠ざかっていった。金持ちの子だということを聞きつけ、寄って来ては孫三郎に会計を持たせた「友人」と称する人物もいた。当初の孫三郎の遊びは、洋食食堂や芝居、寄席へ行くというものであった。しかし、孫三郎は、悪友に誘われるがまま花柳界へも足を踏み入れるようになり、高利貸からも借金をして遊ぶようになっていった。その結果、借金がかさみ、正月にも帰郷できなくなってしまった。どうにもならなくなった孫三郎は、理由をつけては帰郷を先送りにした。そのため、戻って来ない孫三郎を連れ戻しに、とうとう邦三郎が東京までやって来た。

邦三郎によって孫三郎が連れ戻されると、東京の高利貸は倉敷の大原家まで追って来た。孫三郎と同様に、息子が高利貸から借金をした近郊の家では、高利貸が追ってきても、門前払いをして相手にしなかったという。しかし、孝四郎は、「どこの者ともわからぬ若者によくぞ貸して下さった」と言って、高利貸を歓待し、ひとまずは東京へ引きとってもらった。

体罰や厳しい叱責《しっせき》を孝四郎から受けたとか、どこかへ閉じ込められる罰を受けたというようなことは伝えられていない。その代わりに、儒家出身の孝四郎は、自らの勤勉な姿勢を示すことによって孫三郎の反省を促したのだろう。このような孝四郎の孫三郎を信じる心も、後年の孫三郎を育てたといえるかもしれない。周囲の人の孫三郎を信じる心とその影響については第八章でふれる。

高利貸との折衝

孫三郎の高利貸からの借金は、邦三郎が東京の友人に頼んで調査したところ、元利合計で一万五千円にも上っていた（しかし元金は一万円には満たなかった）。ここで、孫三郎が、高等小学校の同級生、藤原に対して、東京での勉学のために月に十二円を援助しようと申し出ていたエピソードを思い出してほしい。当時は、一ヵ月十五円で悠々と生活できたため、孝四郎も孫三郎には十五円ぐらいで賄うようにと申し渡していたという。総理大臣の年俸が一万円という時代であった。

このような大金を未成年者に貸し出したほうにも落ち度があるという考えに基づいて、邦三郎が弁護士を介して高利貸と話し合いを持つことになった。しかし、代理人同士では話がなかなか決まらなかった。そこで、しびれを切らした邦三郎は、高利貸と直接交渉するために、一ヵ月間の中国視察から帰国してすぐに、妻の卯野を伴って上京した。

三　人生の転換期

義兄、邦三郎

孫三郎の義兄の邦三郎は、一八六七年（慶応三年）に常盤《ときわ》村三輪《みわ》（現総社《そうじゃ》市）の神々《みわ》家に生まれ、閑谷黌時代には生徒を代表して「新築閑谷黌応接所記」を撰《せん》したほどの秀才であった。

常盤村真壁《まかべ》の坪井卯作という小作地世話人から紹介を受けた孝四郎は、当時二十歳の邦三郎を次女、南賀《なか》（当時十五歳）の婿にしたいと考え、常盤村の神々家[7]を繰り返し訪ねた。邦三郎はまずは孝四郎と養子縁組を結び、南賀の許婚《いいなずけ》となった。しかし、その二年後に南賀は結婚することなく、病気のために亡くなってしまった。

いっぽう、孝四郎のもう一人の娘、卯野は、縁続きの原家に後継者がいなかったため、原家に養女に入った。その後、卯野は婿養子をとって結婚したが、すぐに未亡人になってしまった。孝四郎は考えた結果、邦三郎を卯野と結婚させ、原家を継がせることにした。邦三郎は、神々邦三郎から大原邦三郎、そして最終的には原邦三郎になったわけであった。

義兄の死と生涯の呵責

面倒見が良かった邦三郎は、六十歳を越えた孝四郎を助け、孫三郎の後見的役割を果たしていた。邦三郎の甥《おい》（邦三郎の兄の子）、神々磐太郎が戦後（昭和二十九年）に認《したた》めた書簡（大原家所蔵）によると、このとき邦三郎が上京した目的も、孫三郎の借金問題だけではなかったらしい。倉敷紡績の事業関連で、孝四郎の代理としての仕事もあったようである。

しかし、この東京滞在中に邦三郎は、脳溢血《のういっけつ》のために三十二歳で死亡してしまう。邦三郎は、中国へ向かう清浦奎吾《きようらけいご》（一八五〇—一九四二）を東京駅へ見送りに行ったさいに倒れ、亡骸《なきがら》が滞在先の水明館（築地《つきじ》の旅館）に運ばれた、と磐太郎は伝えている。

邦三郎が死亡したとの知らせを受けた孫三郎はただちに上京した。そして、姉の卯野と邦三郎の棺《ひつぎ》とともに列車を乗り継ぎ、倉敷に戻った。慕っていた義兄が自分の不始末の処理に奔走した末、三十二歳の若さでこの世を去ってしまったことは孫三郎にはかなりショックだったはずである。また、再度、未亡人になってしまった姉の姿を目にして、孫三郎が自分の行いを責めたことは想像に難くない。

倉敷まで追ってきた高利貸を追い返すどころか、親の責任であるという気持ちも込めて歓待し、東京へ戻した孝四郎に対しては、孫三郎は、恥ずかしくて自らの行状を正直に言い切れなかった側面もあっただろう。また、儒家出身の孝四郎にはやはり謹厳な側面が大きく、厳しい叱責を恐れたのかもしれない。

そのためか孫三郎は、孝四郎に内緒で邦三郎だけに借金問題について相談する書簡を出していたのであった。そのような孫三郎からの書簡を邦三郎は手元には置いておくことができないので、実家の神々家に保管・隠匿し（邦三郎死亡後、神々家で書簡は焼却）、原家からの資金と神々家の田畑を抵当に入れてつくった資金によって、孝四郎に内緒で借金を返済していた。

孫三郎の借金問題は邦三郎の死後、遺志を継いだ代理人や知人たちのおかげで一万円を支払うことで片がついた。この件は、孫三郎が青年期において深く自省した最初の大転機だったと思われる。孫三郎と「腹を割った」話もお互いにする仲にあった田崎健作牧師は、孫三郎にとって生涯の呵責であったにちがいないと後に語っていた。

邦三郎の死後、孫三郎はまず、邦三郎が抱えていた神戸のマッチ工場の負債整理に尽力した。その後は、大原家小作地の検分、それに、邦三郎が着手していた大原家の奨学金支援（第八章で詳述）の整備に従事した。

二宮尊徳の著作との出あい

孫三郎が東京麴町《こうじまち》の下宿、望遠館にいた頃の下宿仲間の友人に、森三郎《もりさぶろう》という高等商業学校（現一橋大学）の学生がいた。孫三郎と森は、当時、社会的大問題となっていた足尾《あしお》鉱毒事件への義憤を分かち合い、泊まりがけで実地調査へともに出かけたことがあった。その森三郎から、二宮尊徳《にのみやそんとく》（一七八七—一八五六）の『報徳記』（『二宮翁夜話』も同封されていたという説もある）が倉敷の孫三郎に送られてきた。十一歳年長の森三郎は、学問を途中でやめてしまった孫三郎を心配していたのである。

倉敷で悔恨と自責の日々を送っていた孫三郎は、「金持ちの息子にはとかく悪い友人がよってきやすいもの、この本を読んで前途を慎むように」という森からのアドバイスを真摯《しんし》に受け取ったであろう。孫三郎は、読書に多くの時間を費やすようになった。

その後、孫三郎は、精思高等小学校男子部に夜学校、私立倉敷商業補習学校を創立し（一九〇二年）、校長に就任した。そして、校長として孫三郎は、『二宮翁夜話』を用いて自ら修身の講義を行った。このことをとってみても、孫三郎が二宮尊徳の報徳思想から、いかに大きな感銘と影響を受けたかがわかるだろう。

孫三郎は、『学問のすゝめ』冒頭の「天は人の上に人をつくらず、人の下に人をつくらずと言えり。されば天より人を生ずるには万人は万人、皆同じ位にして、生れながら貴賤《きせん》上下の差別なく」という文言を好んで高唱した。講義でも、二宮尊徳の著作の他に、『福翁百話』や『学問のすゝめ』、『西洋事情』、『文明論之概略』などを教材とした。孫三郎は、抜萃《ばっすい》を用いて、万人平等、自得自省、独立自尊、進取不退、向上一路や実学の必要性を「実に熱心」に講義していたという。

東京遊学後の謹慎中に自家の小作人の田畑をまわり、その生活状況などを直接見聞したさいにも孫三郎は、自分の過去の行いと境遇を顧みたと思われる。孫三郎は、反省するとともに、勤倹実行の報徳精神を実際に体現しなくてはならないと考えるようになったのであった。

林源十郎と石井十次

倉敷の老舗《しにせ》の薬種商、「林薬局《はやし》」の主人源十郎《げんじゅうろう》は、同志社で学んだ信仰の厚いクリスチャンで、家業に熱心な人格者として周囲の尊敬を得ていた。また、林は、孫三郎が小学校時代に遊んだ「五人組」の一人で、後に有名な社会主義者となった山川均の長姉、浦《うら》の夫でもあった。

林は、朱に交われば赤くなると言って、友だちによる善化・悪化の影響、金持ちの子供に対する悪友からの誘惑を孫三郎に警告した。そして、林は良い本と良い友からの感化を説き、聖書を読むことを勧め、岡山孤児院の運営に奮闘していた石井十次《いしいじゅうじ》を紹介した。林は、岡山孤児院に、薬を無料で提供するなどの支援をしていたのである。

孫三郎のことを案じていた父孝四郎は、このような林との交際を孫三郎に望んでいたようであり、後に孫三郎は、林源十郎宅の二階で開かれた聖書研究会に毎夜のごとく通うようになった。(8)

ボロ布を着た石井十次を目にして

孫三郎が石井十次をはじめて見たのは、一八九九年（明治三十二年）の夏、近所の小学校校庭で開かれた岡山孤児院の音楽幻灯会でのことであった。孫三郎はこのとき、ボロ布をまとった石井十次の並外れた奮闘をスクリーンで見て、廻《まわ》ってきた寄付金箱に所持金すべてを入れたほど感激した。

その後、孫三郎は、十次を幾度か訪問した後、忙しく外出していることの多かった十次とようやく話をする機会を得た。そしてそれ以降、孫三郎の精神と人生は、十次との交流によって大きく転換していくことになった。奮起させられた孫三郎は、岡山孤児院をたびたび訪問し、以後、十次が一九一四年（大正三年）にこの世を去るまで、両者の親交は続いた。

四　大転換に影響を与えた人物・思想

ここで、青年期の孫三郎の人格形成に大きな影響を与えた人物を三人、紹介したい。まず最初は、倉敷での謹慎中に出会った石井十次である。

友人思いの石井十次

石井十次は一八六五年（慶応元年）、宮崎県児湯《こゆ》郡の上江《うわえ》村に誕生した。父の万吉は下級武士の家に生まれ育った役人で、開墾事業や桑園づくりなどで生計を立てていた。母乃婦子《のぶこ》は温順で慈悲深かったという。母は、両親がなくて貧窮している子供も、自分の子供と同じように扱い、衣類や物品を分けて助けた。

そのような姿を見て育った十次は、困難に直面している友人を自分も助けるべきだと幼少から思うようになり、祭などでは小遣いで菓子類や玩具《がんぐ》類を二つ購入しては、友人と分かち合った。また、藁縄《わらなわ》を帯の代わりに締めていたために仲間はずれにされていた友人を見かねた十次は、母の手作りの兵児帯《へこおび》をその友人にあげたことがあった。このとき十次の母親は、十次を叱るのではなく、褒《ほ》めたというエピソードがある。

医学の道へ

学制発布によって高鍋《たかなべ》藩の藩校、明倫堂《めいりんどう》は島田《しまだ》学校となったが、十次はこの学校などに通い、儒教的素養を身につけた。十五歳で東京の攻玉舎《こうぎょくしゃ》に入学したが、脚気《かっけ》のために一年もたたずに帰郷した。その後、養蚕の研究、小学校の教員や警察署の書記を経て一八八二年（明治十五年）に岡山県甲種医学校に入学した。

この医学校入学は十次にとっての最初の一大転機であった。十次は宮崎で性病の治療を受けていたが、この治療にあたった地元宮崎の医師荻原《おぎわら》百々《ど》平《へい》は、この病の原因は精神的欠陥にある、良薬は聖書と信仰であると十次に説いた。そして、荻原は、岡山に行って医術を研究することを十次に勧め、自らの月給十二円の中からその三分の一を十次に支援したのであった。このようにして十次は、岡山で新しい第一歩を踏み出し、キリスト教への信仰も深めていった。

精神疲労と転地療養

しかし、十次は勉強に没頭しすぎ、精神疲労にかかってしまった。その頃の十次の日誌には、「脳病」「精神狂乱状態」「奇なる哉《かな》予の脳」「精神卑怯憂鬱《ひきょうゆううつ》」「精神奮錯《ふんさく》」「コロラールを内服」（睡眠導入剤の一種を内服していたと思われる）などの言葉が頻繁に書かれている。

十次は、医学校の卒業試験も受けることができなかったため、転地療養をしながら医学の勉強を続けることにした。一八八七年（明治二十年）四月に十次は、知り合いの医師の診療所

（邑久《おく》郡上阿知《かみあち》村〔現岡山市〕）に代診医として赴任した。これが十次にとってまたもや大きな転機となったのであった。

診療所に隣接した大師堂は、食事にも事欠く巡礼者のような人たちが集まる場所となってい

た。十次は、そこで、二人の子供をかかえて備後《びんご》の国から来た寡婦《かふ》の巡礼に出会った。十次は、

このままでは帰郷する前に三人共倒れになってしまうと考え、ひとまず寡婦の上の子供（男の

子）を預かることにした。これに端を発して、以降、十次は、一人、二人……と孤児貧児を預

かるようになっていった。

孤児教育の道へ

十次は半年で上阿知の診療所を引きあげ、岡山の三友寺《さんゆうじ》本堂内の二十畳敷を借りて岡山孤児院を始めた。この岡山孤児院は、明治末の東北飢饉《ききん》後には定員枠なしの無制限受け入れを宣言し、全国的にも有名になっていった。そのため、岡山孤児院の収容人数は、最盛期には千二百人にも上った。

十次は、ルソーの『エミール』を繰り返し読むなど、その自然観に感化を受けていた。『エミール』を教育上の聖書だと考えていた十次は、故郷の宮崎茶臼原《ちゃうすばる》に孤児を移住させて、『エミール』教育を施し、理想郷をつくるという抱負を抱いた。(9)

また、十次は、同情して単に恩恵を施すだけでは孤児貧児を堕落させてしまうという懸念を

持っていたため、自活を宣言し、米つき部、幻灯部、活版部、理髪部などをつくって職業的な活動を推進した。

孫三郎による破格の援助

孫三郎は、十次が一九一四年（大正三年）一月に宮崎茶臼原で死去するまで金銭的援助を続けた。岡山孤児院は自活宣言をしたが、実際には寄付金に大きく頼っていた。

十次は寄付金に頼って孤児たちと生活することが嫌になったときがあった。そのため、運営費を稼ぐための収益事業、たとえば生糸相場や炭鉱などにも手を出そうとした。ところが、実業的な活動はうまくいかず、途中で撤退するばかりであった。孫三郎は、十次が実業的な活動に手を出すことには反対を表明し、そのような活動には援助をしない姿勢を貫いた。しかし、十次の一九〇八年（明治四十一年）八月三十一日の日誌には「毎月頼むものも頼むもの　応ずるものも応ずるもの（中略）之《こ》れ物質以上の交でしょう」という記述がある。これを見る限りでも、孤児院運営に対する孫三郎の資金援助の額と頻度は、相当なものであったことがわかる。

大阪でも夜学校や保育園などを運営していた十次は、当初、教育によって有用な人物を即座につくることができると考えていた。しかし、即時効果を期待することはできないと認識するようになったため、後には三代目での開花を期待する「三代教育論」を唱えるようになった。

使命感の芽生え

石井十次との親交を深めていった孫三郎は、同時に、キリスト教や聖書にも接近していった。孫三郎は、聖書の中の次のような言葉を繰り返し暗誦《あんしょう》していたという。「木は果によりて知らるるなり。善き人は、善き倉より善き物を出し、悪《あ》しき人は、悪しき倉より悪しき物を出す。人の虚《むな》しき言は、審判の日にただだ(ママ)さるべし」、「富める者の神の国に入るよりは、ラクダの針の穴を通るは反《かえ》って易《やす》し」、「善を行うことを知りて行わざるは罪なり」、「善を行うて倦《う》むことなかれ」、「汝《なんじ》この世の富める者に命ぜよ、高ぶりたる思を持たず、定めなき富をたのまず、善き事を行い、善き業に富み、惜しみなく施し、分け与うることを喜ぶべし」。孤児無制限受け入れや一代にして有用な人物にしてみせるという遠大な計画や高い理想が一般的には理解されがたく、時に、誤解を受けることもあった石井十次の理想追求と社会事業家精神は、孫三郎に大きな影響を与えたのであった。

二宮尊徳⑩——聖書と報徳思想の融合

このように、大原孫三郎は、キリスト者石井十次と聖書から大きな影響を受けたが、同時に、二宮尊徳の報徳思想の影響も受けていた。

尊徳は、推譲《すいじょう》（譲ること）、特に他譲《たじょう》（他者のために譲ること）の重要性を説いていたのだが、孫三郎の社会貢献（フィランソロピー）に対する考えと行動は、まさに、この報徳思想と聖書の教えからの影響が大きかったといって間違いないだろう。

「我が法は（中略）誠心誠意実行するにあり」と語った尊徳は、頭の中に理念が詰まっていたとしても、それを応用して現実に役立てなければ無益であると説き、善事とみなしたら即座に実行することを諭した。

また、尊徳は、実地実行を強調するなかで、「大事をなさんと欲せば、小なることを怠らず勤《つとむ》べし」と、小事を侮ることなく、勤勉にコツコツと即時に実行せよと唱道した。さらには、富者が現在の立場や財産を保有しているのは、すべて先祖のおかげであるのだから、そのことをきちんと認識して謙虚でなければならないと警告した。このような、尊徳が重視した実地実行、勤勉、譲るという人道、先祖の積徳《せきとく》の認識などは、孫三郎に見受けられた特徴であった。

欧米のフィランソロピー的活動の背景にはキリスト教という一貫した基盤があるといわれる。確かに、日本には連続した純粋な宗教的背景があるとはいいがたい。日本には、古来、神道があり、四－五世紀にかけて儒教が加わり、そして六世紀には仏教、そして、戦国時代にはキリスト教がもたらされた。従って、日本にはいくつかの宗教や思想基盤の影響が不均等に混在しているのである。

孫三郎も、キリスト教徒であったが、同時に神仏への敬虔《けいけん》の念も強く、倉敷の自邸近くの檀《だん》那寺《なでら》、宝寿山観龍寺《かんりゅうじ》で茶会を開いたり、氏神の阿智《あち》神社の改築準備を支援したりもした。また、父の孝四郎が儒家の出身であることなど、孫三郎の中には報徳思想を受容しやすい精神が無意識のうちに幼少時からあったはずである。神道、仏教、キリスト教をともに尊崇した孫三郎も日本の宗教・思想的背景の特性を持ちあわせていたのであった。

尊徳の著作を自分の身上、立場、経験に引きつけ、照らし合わせながら繰り返し読んだ孫三郎は、「我が教えは、天地の徳、君の徳、親の徳、祖先の徳など、徳を以って徳に報うの道なり」という尊徳の教えと聖書の教えを違和感なく融合させて受容していたのである。

ロバート・オーエン

孫三郎に大きな思想的影響を与えたもう一人の人物がロバート・オーエンである。労働理想主義の見地に立って、企業内改革を進めた孫三郎は、ロバート・オーエンを研究したと伝えられている。

空想的社会主義者と呼ばれたロバート・オーエン（一七七一―一八五八）が生きた当時のイギリスは、産業革命を遂げ、繁栄を享受していた。しかし、農村社会から都市社会へと変貌するなかで、賃金労働者にならざるを得なかった人々は悲惨な状況に直面していた。また、ナポレオン戦争後の恐慌以降、失業者が増大していった。

そのようななか、手段を選ばずに利潤追求に邁進《まいしん》し、人間を機械程度にしか見ない経営者が問題となっていた。水力利用のために僻地《へきち》に立地していた木綿工場では、救貧院からもらい受けてきた多数の幼い子供が長時間労働を強いられていた。

このような英国社会にあってオーエンは、「最大多数の最大幸福」を達成するという理想を実現するために、稼いだ財産を労働者村づくりなど、労働者の福利厚生に投入していった。オーエンについては、「幼児教育について特に、ルソーの影響を受けている。ルソーもオーエンもともに、自然法に基づく人間性の発展を企図した」[11]という説明があるように、教育、そのなかでもとりわけ、幼児教育を重視していた。人間の性格形成上において最も重要な時期は幼児期であるとオーエンは考えたため、幼年労働の禁止を求める工場法運動にも参加した。

オーエンの人道主義の「実体」

このようにオーエンは、幼年者の労働に反対したり、ニュー・ラナークにあった自社工場の労働者のために、福利厚生策を導入して社会の改善を志した。だが、オーエンは、単に労働者の幸福を願っていたのではない、という指摘もあることを示しておこう。

「オーエンの人道主義者の実体は、よく検討する必要がある。性格形成原理は、労働者の資本主義批判の原理ではなく、逆に経営者が労働者を馴致《じゅんち》する方策を教えるものであった。あまり貧困では人間は労働の意欲と能力を失うだろう。そういう人間は雇用されても非能率であり、怠惰である。だからオーエンは貧困を解決しようとしたのである」[12]。このように、オーエンの人道主義的側面に勝るブルジョア的性格を指摘する声もある。オーエンには、確かに、全体の繁栄を維持するために「上」から理想実現を働きかけるという観念が強かった。労働者個人の主体性を尊重しているとはいいがたいと思われる。

また、オーエンは、ニュー・ラナーク工場での経営経験（労働者の性向や労働意欲を改善することができた経験）をもって、自分の理想の実行可能性を確信し、全社会にその理想を普及しようと努めた。批判に応酬するさいも、ニュー・ラナークの工場という一例を示してしか反論することができなかった。それゆえに、オーエンは空想的社会主義者と呼ばれたりもしたのであった。

しかし、オーエン自身は、自らを空想家だとはまったく思っていなかった。実践しない理論は人類に何の利益ももたらさないとオーエンは主張して、書斎の理論家や無経験な人たちの言うことは有効ではないと切って捨てた。実際に、オーエンは、理想を実現しようと思ったら常に熱情をもってそれにあたり、その目的を貫徹しようとした。英国での活動後、オーエンは、米国に渡って、ニュー・ハーモニー村をつくった。しかし、理想の村づくりは失敗し、オーエンは英国に戻った。

海外の資料を取り寄せるなかで、オーエンの事績を確認した孫三郎は、オーエンの姿勢に経営者の役割の理想型を見出《みいだ》し、報徳思想とともに自分の実践に活《い》かしていったと考えられる。

社会改良の実行

孫三郎は、一八九九年（明治三十二年）十月に石井十次をはじめて訪問して以降、十次の勧めもあって、聖書を二十ページ以上読むことを日課としていた。

一九〇一年九月二十二日の日記には、「神が生《せい》（自分のこと）をこの社会に降《くだ》し賜わって、而《しか》も末子である生を大原家の相続人たらしめられたのは、神が生をして、社会に対し、政治上に対し、何事かをなさしめようとする大なる御考に依《よ》るものだと信ぜざるを得ない。この神様より生に与えられたる仕事とは生の理想を社会に実行するということである」と孫三郎は書いていた。

使命感に目覚めた孫三郎は、その後、工場労働者のための宿舎や生活必需品の販売制度などの改革を実践していった。孫三郎もオーエンと同様、労働者のための福祉施策は単に労働者の利益を増すばかりではなく、雇主自らの利益をも増大するものであると確信していた。

また、人道主義的使命だけでなく、経営者として大切な「能率の経済」という観念を保持して孫三郎は企業の買収や合併を進めていった。孫三郎は、博愛的な人道主義を唱えるだけではなかったのである。

第二章　家督相続と企業経営——倉敷紡績と倉敷絹織

一　結婚と家督相続

備後の旧家との縁談調う

齢《よわい》を重ねた孝四郎にとって、孫三郎の結婚は大きな懸案事項となっていたが、過去の放蕩《ほうとう》のイメージが地元では強く、縁談を敬遠されたこともあったようである。このような状況であったため、石井十次や林源十郎など、周囲の人物が心を砕いた。孫三郎の肋膜《ろくまく》などの治療にあたった岡山県病院長の菅之芳《すがゆきよし》（一八五四－一九一四）博士もその一人であった。菅は、十次が岡山甲種医学校で学んでいたときの医学校校長であった。

十次と林は、菅が職業柄、多くの旧家とつきあいがあり、孫三郎に似合いの相手を知っているだろうと考えた。実際にそのとおりであったようである。菅と林の媒酌によって孫三郎の縁談は調った。一九〇一年（明治三十四年）十一月二日に孫三郎（二十一歳）は、石井英太郎《いしいえいたろう》（一八四三－一九二七）の四女、スエ（十八歳、結婚後、寿恵子と改名。一八八三－一九三〇）と結婚した。

スエの実家、石井家は備後国深津村《ふかつ》（現広島県福山市《ふくやま》）の庄屋で、先祖の武右衛門は、一七九六年（寛政《かんせい》八年）に福山藩主の許可を得て福山義倉を始めたことで知られていた。また、スエの父、石井英太郎は広島県議会議員となり、県議会の初代議長、および福山藩の藩校の流れを継ぐ福山誠之館《せいしかん》（現在の広島県立福山誠之館高等学校）の初代校長を務めた人物であった。

結婚後の孫三郎

結婚当日の孫三郎の日記には次のような決心が記されていた。「天我に幸し給うか、理想的な妻を与えられ、本日結婚式を滞りなく終ったことは感謝に堪えない。（中略）殊に余の理想に近い容姿の妻を与えられたるは心霊上の大きな歓《よろこ》びであって、将来の繁栄に向って進まんと思う。愛より来る自愛の根底たる平和の家庭を築き、それによって感謝の実を現わさんのみ」。

東京から倉敷に戻って以降、孫三郎は、大原奨学金の制度、運用などを整備した。また、阪《さか》谷芳郎《たによしろう》（一八六三－一九四一）をはじめとする郷里の知名人の助力も得ながら、備中出身の学生のための下宿、備中館を東京に設立した。そして、結婚後はさらに、教育活動に拍車がかかった。

結婚によって責任ある立場となったことも、孫三郎の活発な活動に影響していると思われる。そこで、話はさかのぼるが、婚約成立のときの孫三郎の日記の文言を示しておこう。「わが妻となるべきものを父母も知らず、菅夫婦、石井夫婦、林夫婦も知らず、然《しか》るに婚約成立す、神様の恵《めぐみ》によって娶《めと》わされるならん、神様の力は感謝に堪えぬ。先方の両親は生のこれまでの歴史から見て非常なる心配あらん。それについては生も大いに責任があるからよく考えねばならぬ」。このように孫三郎は責任ある立場を自覚していたのである。

結婚後はじめて迎えた元旦《がんたん》の日記を見ると、「この五年間のことを顧みれば実に恥しく感ぜざるを得ない。（中略）妻を賜い、なおまた勉学上についても勉学せしむべく決心を与えられ、一々挙げることも出来ぬほど余の一身に付て智識を与えられ、ほとんど総《すべ》てに付て改良させ賜うたのである。しかも昨年は二十世紀の第一年目、余の一身に付て改良すべく時を与えられたのである。この二十世紀は余にとって改革の世紀であると思う。謹んで神の御心に随《したが》って余の一身をこの改革に捧《ささ》げんと思うものである。（中略）願わくば過去は過去をして葬らしめよ、而して二十世紀の第二年目よりその与えられたる知識と天

青年期の孫三郎（『大原孫三郎傳』より）

職とに依りて神に仕えんと思うものである」と、十六歳から二十一歳までの所業を反省し、精神上に大きな改革を経た今後は現実改革に励んでいくという所信を抱いていたことがうかがえる。

結婚の翌年に孫三郎は、倉敷の小学校長たちの応援を得て、倉敷教育懇話会を設立し、倉敷紡績株式会社内には人材育成を企図した職工教育部を設けた。さらには私立倉敷商業補習学校も創立し（校長に就任）、備中連合教育会長にも就任した。社会人類の教育が天命と考えた孫三郎は、教育を中心として民間人の立場から、いわゆる「下」からの公共活動を担っていった。

病気治療の日々

結婚の翌年の一九〇二年（明治三十五年）、元来、喉《のど》などが弱かった孫三郎の健康はあまり優れなかった。しかし、年が変わると孫三郎の健康状態は多少は快方に向かい、読書も家業も手につくようになってきた。孫三郎は、大地主である大原家の小作人に対する重責を認識していた。そのため、古藤重光《ことうしげみつ》秘書の進言を受け入れて、小作人全員のところを直接まわって状況を把握する検分を開始した。

しかし、その年末から一九〇四年のはじめにかけて、寒い中を無理して和気《わけ》郡方面などへ検分に出かけたため、孫三郎は体調を大きく崩してしまった。通常の扁桃腺炎《へんとうせんえん》だけではなく、肋膜炎も患ってしまい、岡山県病院に入院して静養に努めざるを得なくなった。

病床の孫三郎は、同志社出身の古藤重光秘書によるマタイ伝とヨハネ伝の講義を毎日聴き、癇癪をおさえて心の平静を保つようにした。また、石井十次から送られてきたトルストイの『人生論』も読んだ。孫三郎の一九〇四年一月三十日の日記には、「四十日の養生は肉の為か、霊の為か。肉の形式において霊の根本的保養である」と、また、二月三日の日記には「世間の評判では余は半分死んでいるように噂《うわさ》しているらしい。余も亦《また》そのように動物的方面の死を望むものである。霊に生き、どうか永生を与えられん事を祈るものである」という記述がある。この療養生活は孫三郎の心の修行になったようである。

三月末に岡山県病院を退院した孫三郎は、六日後に寿恵子夫人と古藤秘書、女中一人を同伴して明石《あかし》の相生町中崎《あいおいちょうなかさき》（現兵庫県明石市）に転地療養した。初夏になる頃には孫三郎の健康は大分回復し、弓の稽古《けいこ》をすることもできた。そして、冬が近づいてきた十一月末に孫三郎一行は明石から倉敷へ戻った。健康の回復とともに、家督相続の問題が浮上したためであった。

家督相続

この頃の日本社会には、一九〇四年（明治三十七年）に開戦した日露戦争のために落ち着かない雰囲気が立ち込めており、七十歳を迎えていた孫三郎の父孝四郎は、家督を孫三郎に早く譲って楽隠居の身になりたいと考えていた。ちょうど、翌年度から日露戦争の戦時特別税の一環として、相続税の新たな実施が見込まれていたこと、そして何よりも孫三郎の病気が回復したことに鑑《かんが》みて、孝四郎は一九〇四年十二月十三日に家督相続の手続きをすませた。孫三郎、二十四歳のことであった。

以降、孫三郎は、大原家の七代目当主として、家業においても、また社会においても、孝四郎に負けず劣らず、積極的に活動していくことになったのであった。

二 倉敷紡績の経営

「女工哀史」の時代

殖産興業、富国強兵政策によって一等国入りすることが至上命題となっていた日露戦争当時の日本社会において、労働者は、極大利潤を追求する経営方式のなかで悲惨な立場に置かれていた。

孫三郎の社内改革から二十年近くも後の一九二五年（大正十四年）五月に出版されて、多くの人に読まれたルポルタージュに『女工哀史』がある。著者の細井和喜蔵《ほそいわきぞう》（一八九七―一九二五）が出版の二年前までの約十五年間、紡績工場の下級職工をしていたさいに見聞した女工の生活を記録したものであるが、この本の中で細井が紹介していた女工小唄《こうた》の一節には「籠《かご》の鳥より監獄よりも寄宿ずまいはなお辛《つら》い」というものがあった。この女工小唄からも、当時の工場を取り巻く環境や制度が人間性をまったく無視していたものであったことがわかる。

孫三郎が撮影した明治末期の倉敷川、煙突は倉敷紡績の倉敷工場
（『大原孫三郎傳』より）

業務刷新に着手

倉敷でも、一八八八年（明治二十一年）に倉敷紡績所（資本金十万円）が設立された。これは、倉敷の将来と発展を考えた青年たちに助力を求められて孝四郎が資金を提供したもので、孝四郎が初代社長に就任した。

設立時の倉敷紡績の設備規模は「当時の各社平均を上回るものの、先発の大阪紡績、鐘淵《かねがふち》紡績などの設立時のスケールと比較して二分の一以下のものであり、これらの企業と伍《ご》して、競争できる設備規模に早く成長することが、企業化を許可した当局からの要請であり、また企業目標でもあった」という(1)。

孝四郎は長年社長を務めたが、七十歳を過ぎた頃には出社しないことが常となっていた。実務は、木山精一《きやませいいち》取締役が任されていた。孫三郎は、まず、この木山取締役を補佐する形で、倉敷紡績での業務刷新に一社員として携わることになった。

孫三郎は、理想的な工場経営を目指して職工教育に努めるいっぽうで、欧米先進諸国の工場経営例（ロバート・オーエンなどの英国の工業村や田園都市論、ロッチデールの組合など）について学んだ。

そして、孫三郎はまず、寄宿舎の改革に着手した。当時の紡績会社では、女子労働者は二階建て寄宿舎の大部屋に詰め込まれていた。交替制での長時間労働から戻ると、入れ替わりで仕事に出て行った同僚がそれまで寝ていた万年床のようなところで眠りにつくという生活が一般的であった。

倉敷紡績でも、抱えていた一千人以上の女子工員を、清潔とはいいがたい二階建ての寄宿舎に詰め込む状況となっていた。また、衛生上の問題は炊事場や食堂も同じようなものであった。寄宿舎が創設されて以降、設備に改善というものはほとんど加えられてこなかった。会社としても問題に気づいてはいたが、手をつけられずにいた。

脅しに怯まず飯場を全廃

労働者を取り巻く悪環境を会社側が知りながらも放置してきた理由は、因習的な「飯場《はんば》」という請負制度にあった。請負制度とは、企業と労働者の間に仲介人が入り、企業から仕事を請け負い、募集した労働者に対しては、企業から得る請負金よりも安価な金額しか渡さずに就労させ、中間マージンを得るという制度である。

倉敷紡績の場合は、三人の「飯場頭《がしら》」が牛耳っており、炊事賄いや労働者への日用品の販売、職工の入社や退社などに関連しての搾取や不当利益の獲得、暴力による支配がまかり通っていた。

当時のことを孫三郎は後年、次のように振り返っていた。「職工賃金はその飯場が会社から受取り、食費その他を差引いて残りを職工に渡していた（中略）そこで私は職工を集めて、（中略）将来は会社で食堂の経営や物品の販売をするようにせねばならぬと話した。すると飯場は暮の三十一日に、会社が保証してくれねば女工に餅《もち》をやらぬといい出した。そこで会社は町内の餅屋で餅を買い集め、大急ぎで販売所を開いた。寄宿舎から逃走する女工も多く、一年に七百人にも上った。それは、逃走者を捕えた場合には一人について手数料三円を与えることになっていたので、門衛と督促係とが連絡して女工を逃がしては捕えて手数料を稼いでいたことが分った。早速その制度を廃止して勝手に逃がすこととした結果、逃走者は三十人位に減じたという笑い話のような事もあった」。

このような請負制度が職工問題の禍根になっており、飯場制度の見直しなしには寄宿舎問題の改善も理想的な工場経営も果たし得なかったのであった。そのため、孫三郎は、このような非合理かつ非人道的な状況の禍根を断つために、飯場制度を全廃し、すべての権限は会社に帰するものとした。

当時の孫三郎は社長の息子というだけで権限があるわけではなく、また、若年だったこともあって、身の危険をにおわせるような脅迫も受けた。しかし、孫三郎は怯《ひる》むことなく、寄宿舎の改革に着手した。炊事場、ボイラー室、食堂が増築され、新設のボイラーなど、最新設備も取り入れられた。また、倉敷には上水道が開設されていなかったため（岡山は開設ずみ）、敷地内に大井戸が掘られ、自前の水道が設けられた。

寄宿舎増築に伴う混乱

さらに孫三郎は、寄宿舎を拡張するために新たに土地を買収した。そして、二階建て寄宿舎（一棟）、平屋建て寄宿舎（二棟）、平屋建て社宅（三棟）の増築にとりかかった。

寄宿舎にはもともと、衛生上の問題があったため、改善することにしたのだが、あまりにも大きな改革であったため、建築工事の混乱の最中に思わぬ事態が起こった。一九〇六年（明治三十九年）六月下旬、寄宿舎で腸チフスが発生したのであった。当初、患者は九人だったがすぐに拡《ひろ》がり、七月十八日の時点で、真症患者七十七人、死者七人が出た。

このときのことを倉敷紡績は次のように回顧している。「問題は重大化した。最初数名の患者が発生したとき、伝染病の届出手続が後れたことから、会社側の故意の伝染病隠蔽《いんぺい》がこのような重大事態を惹《ひ》き起したものとして、わが社の首脳部は世間一般から手酷《てひど》い非難を受け、県

1907年頃、前列左より孫三郎の姪の原長、父孝四郎、母恵以、後列左より夫人寿恵子、孫三郎、姉の原卯野（『大原孫三郎傳』より）

当局からは一時操業停止処分に附されようとする形勢となった。そこでわが社においても、医師三名看護婦八名を増員して極力防疫に努めた結果、九月末に至って伝染病は漸《ようや》く終熄《しゅうそく》した[2]」。

二十六歳で二代目社長に

孝四郎は、腸チフス流行の責任を痛感し、社長を辞任した。そのため倉敷紡績では、臨時株主総会を開催し、取締役補欠選挙が行われた結果、満場一致で孫三郎が二代目社長に選ばれた。家督継承から二年後の一九〇六年（明治三十九年）九月、孫三郎、二十六歳のことであった。また、時期を同じくして、倉敷銀行の頭取の座も孝四郎から孫三郎へ引き継がれた。

工場は、資本家が搾取する場であってはな

らない、労資の利害が一致する共存共栄の点を見出そう、という理想を抱いて孫三郎は、倉敷紡績内で職工問題や人事面などの改革を推進していった。ここからは、社長就任当初に尽力した工場内の福利厚生改善について、くわしく説明していきたい。

孫三郎は東京専門学校中退という最終学歴だったため、学問を積んでいないと考える人が多い。しかし、実際には孫三郎は、倉敷へ戻ってからも早稲田大学（一九〇二年、東京専門学校から改称）の通信講義録や欧米諸国の事例を取り寄せたり、学業を修めた周囲の人材との議論を通じて学びつづけていた。

倉敷紡績の社史には、「社長は難問題の起る毎《ごと》に研究委員会を組織して対策の研究を命じたので、後には『社長の委員会』が社内の定石となった。独断専行とよく言われた大原社長ではあったが、大事を決定する前には必ず衆智《しゅうち》を集めて想を練るほどの周到な用意を怠らなかった」という記述がある。(3) 研究委員会でまとまった意見を孫三郎がともに勘案し、採用したことも少なくなかった。

ドイツのクルップ社も参考に

既述したように、孫三郎は、ロバート・オーエン(4)の業績や他国の工場経営法を研究していた。また、ドイツの鉄鋼業クルップ社のパンフレットなども蒐集して学んでいた。友人から送ってもらったクルップのパンフレットには、従業員のための住宅、病院、物品販売所、学校、音楽室などの施設が紹介されていた。

このクルップ社では、経営者のフリードリッヒ・クルップ（一七八七—一八二六）が、病気になった従業員を家族と同様にみなして手厚く処遇するという方針を打ち出していた。その遺志を引き継いだ息子のアルフレッド・クルップ（一八一二—八七）は、従業員のための「困窮、死亡の際の疾病互助共済会」を設立した。アルフレッド・クルップは「掛け金は少なく給付は多く」を理想として、労働者から掛け金を徴収するとともに、会社側が一定の条件下で資金援助を毎年行い、規定に基づいて給付を行った。病気のために労働不可能となった場合は、その期間、療養金を支給するというこの共済会の会則は、後に制定されたドイツ帝国の疾病保険制度の手本になった。

これらの先例の知識を得た孫三郎は、経済性と倫理・道徳性の両立が重要であること、そして、両立可能であることを再認識し、倉敷紡績の改革を進めていった。

社内改革の具体例——工場労働者の福利厚生の改善

「何もそこまでこだわらなくても」と言う人もいるほど、孫三郎は自分に出来る限りの範囲でベストを尽くした。

孫三郎が社長に就任した直後の急務は、社会問題ともなった腸チフス流行の後始末と善後策に完璧《かんぺき》を期することであった。前述したように孫三郎は、社長就任以前から寄宿舎を中心とした労働者の待遇改善に乗り出していた。その過程の混乱で腸チフスが発生したという事情があったが、善処については岡山県の衛生部からも強い指示を受けていた。

この頃、岡山孤児院は、独立家屋や家庭式宿舎を複数棟、新築していた。岡山孤児院を支援していた孫三郎は、石井十次と理念を共有しており、社会事業で重視されていた家庭式宿舎についても見識を有していた。孫三郎が、自社の労働者のためにも理想的なものをつくろうと思ったのは当然のことだろう。

孫三郎は、新築するならば、思い切って理想的なものにしたいと、社長就任前に着手していた二階建て寄宿舎の増築について考え直した。社長という立場になったことも関係していたと思われるが、小手先ですますのではなく、最善の策を講じるという自身のモットーを遺憾《いかん》なく発揮することに邁進したのであった。

分散式家族的寄宿舎の新築

孫三郎は、二階建ての寄宿舎増築を中止した。そして、一九〇七年（明治四十年）三月に広大な土地を買収し、平屋建ての分散式家族的寄宿舎と職工家族のための社宅の建設にとりかかった。

少しでも家庭的な雰囲気を醸し出すようにと考えてつくられた分散式寄宿舎について孫三郎は次のように語っていた。「最初は衛生を主としていたのですが、（中略）一つの部屋に多くの人を入れぬよう、なるべく自分の家と変わらぬように設備して、少人数の者が居心地よく睦《むつま》じく、家族的に寝起する事のできるようにしたいという考えを持って、この寄宿舎を建てた」[5]。

各寄宿部屋の定員は四人、一人当たりの空間は二畳で、当時の一般的な寄宿舎の二倍の広さが確保された。また、これらの平屋建ての寄宿舎の各棟は、縦横整然と並べられて建てられた。裁縫室、花壇も設けられたし、診療所、日用品を廉売する販売所、父兄宿泊所もつくられた。

株主のなかには、労働者のためにそのような使い方ができる資金があるならば、もっと多くの配当をするべきだという声を上げる者もいた。しかし、孫三郎は動じることはなかった。孫三郎は長期的な視点で経営を行おうとしていたのであった。

一九〇五年から一九〇七年まで好景気が続いたことも幸いした。寄宿舎の新築工事は一九〇八年四月から始まり、旧寄宿舎の跡に新築した付属建物も含めると孫三郎が理想とした寄宿舎と社宅は、前後六年の月日を費やし、一九一四年（大正三年）末に完成となった。寄宿舎の新築工事の経過の詳細は次のとおりである[6]。

一九〇八年（明治四十一年）
　　六月　病院　完成
同年　　十二月　寄宿舎三十二棟　竣工《しゅんこう》
〇九年　十月　同　十棟　竣工
一〇年　四月　同　六棟　竣工

同年　　十一月　同　十三棟　竣工
一一年　　六月　同　十棟　竣工
一二年　十二月　同　五棟　竣工
（合計で七十六棟の寄宿舎が竣工）

社宅通勤主義

職工問題、寄宿舎問題に関しても孫三郎は、社内に人事研究会を組織して、担当者に労務問題の研究を命じた。寄宿舎や社宅の建設費、職工の賃金、募集にかかる費用、職工の勤続年数などを基にして比較分析が行われた。そうして出されたものが一九〇九年（明治四十二年）十二月の「通勤部拡張に関する意見書」であった。

経常費は、寄宿舎の場合、一人一日当たり十三銭であるのに対し、社宅の場合は二銭未満ですむ。その上、社宅をつくって自宅から通勤させるようにすれば、勤続年数は約二倍半にのびるという報告であった。

孫三郎は、理想的な寄宿舎を追求することから、より得策と判断された社宅通勤主義に方向転換した。そして、倉敷紡績の万寿《ます》工場を増設するさいに、新しい方針を実行したのであった。なお、この万寿工場は当初、倉敷駅の南西の土地に建てる計画であった。孫三郎は、建設希望地に含まれていた大橋家の土地の譲渡を大橋家を訪問した上で依頼したが、大橋家側から断

倉敷紡績が増設した万寿工場の全景（倉敷紡績『回顧六十五年』より）

られてしまった。その後、大橋家側が、売却しない理由を『山陽新報』に発表するなど、大きな問題となったため、倉敷紡績は倉敷駅の北側にあった万寿村に工場建設地を変更した（現在、万寿工場の跡地は大型ショッピングモールとなっている）。

理想は英国の「田園都市風」

倉敷紡績の社史は、万寿工場新築に伴い、社宅通勤主義を実践に移したときの孫三郎の思い（理想）を次のように要約している。(7)

「日本の紡績工業は粗笨《そほん》工業の域を脱することができない。それは男女従業員の勤続が短い為であって、これを精巧工業とするにはどうしても勤続を長くして熟練工を養成する必要がある。遠方から職工を連れて来て、寄宿舎に入れていたのでは頻繁なる移動は免れぬ、従って熟練工はできない。また労働問題の弊害は、労働者が家庭を離れて寄宿舎に群居することに根本がある。そこで、

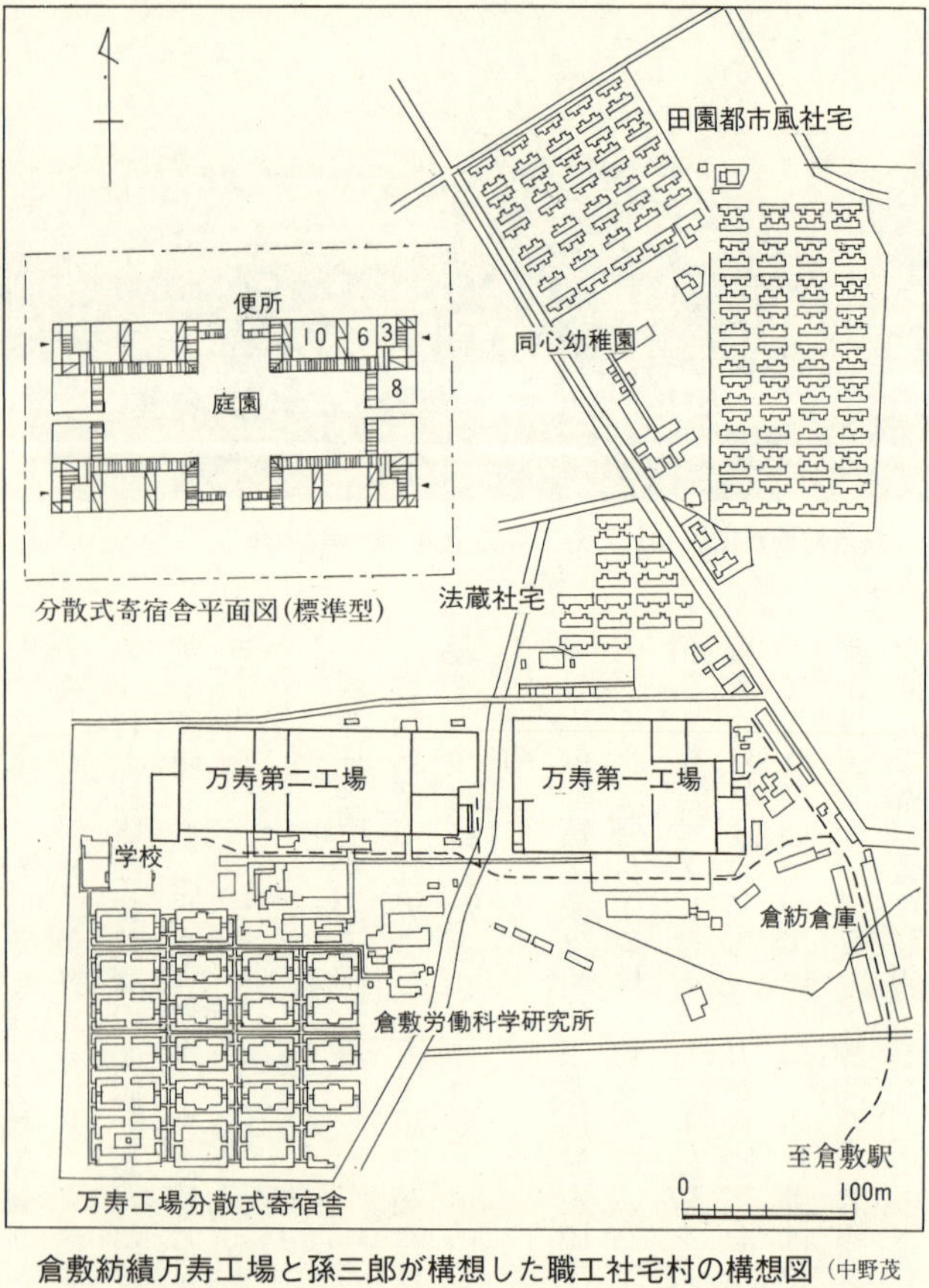

倉敷紡績万寿工場と孫三郎が構想した職工社宅村の構想図（中野茂夫・平井直樹・藤谷陽悦「倉敷紡績株式会社の寄宿舎・職工社宅の推移と大原孫三郎の住宅施策――近代日本における紡績業の労働者社宅　その１」『日本建築学会計画系論文集』第76巻第659号，193－202，2011年１月より）

社宅に住み、土地に根を下した労働者が、自分達の工場を中心とした職工村を作り、『工場を住民の共同作業場たらしめる』ような工場とする必要がある。また労働者を常に土に親しませることが大切である。出《い》でては工業に携わり、入っては鍬《くわ》を執って土に親しむことができるような田園都市風な工場中心の社宅を理想とする」

この考えには、二宮尊徳の影響が反映されているように感じる。また、英国の田園都市論からの影響もうかがえる。孫三郎は、英国のオーエンなどの工業村のみならず、そこから影響を受けて誕生したともいえるエベネザー・ハワード（一八五〇—一九二八）の田園都市論にもふれていた。

田園都市運動のベースとなった田園都市論を提示したハワードの *"TO-MORROW"* は、一八九八年に刊行されたが、孫三郎の蔵書には、内務省地方局有志が一九〇七年（明治四十年）に出した『田園都市』が含まれている。かなりの版が重ねられたこの『田園都市』は、ハワードの田園都市論を紹介し、あわせて他の工業村などの事例（バッキンガム、ポートサンライト、ボーンビル、クルップ工場村など）にもふれている。(8)

孫三郎は、この『田園都市』を読むなどして、英国の工業村や田園都市論の知識を吸収していた。ちなみに、ハワードの *"Garden Cities of Tomorrow"*（『明日の田園都市』鹿島出版会、一九六八年）を訳した長素連《ちょうもとつら》とも孫三郎は交流があった。

万寿工場の新築と職工社宅村の建設

新しい万寿工場が完成するまでには、いくつかの波瀾《はらん》があった。まず最初に、建築事務所の店主が死亡してしまったために、設計監督が交代せざるを得なくなった。また、工事はようやく始まったが、設計違反の手抜き工事が孫三郎の見回りによって発覚した。業界で因習的にまかり通っていたことであったとしても、孫三郎は見逃したり、妥協したりするような人物ではなかった。補修が可能な箇所は補修を、構造や効力の上から支障がない場合は見積額の減額を倉敷紡績は要求した。交渉に手間どったものの、万寿工場の工場本館、事務所、倉庫は一九一四年（大正三年）末に、その他の付属建物については一九一五年四月に無事に竣工した。

当初の構想では、その工場近くに職工の社宅六〇〇戸を建設する予定であった。社宅と社宅の間隔を広くし、野菜畑をつくるように設計されていた。しかし、第一次世界大戦の不況の影響に逆らえず、極力節約を目指す方針がとられ、計画は変更された(9)。その結果、約二万二二七六坪の敷地に、規模が縮小された社宅が完成した（一九一五年六月の第一期に二六棟、一〇四戸、翌月の第二期には八四棟、三三六戸）。

この万寿工場の職工村は、日本における工業村の「唯一の事例ともいうべき」ものではあったが、「イギリスなどの例に比べて未熟であった（中略）要するに日本の資本主義の後進性に原因が求められる。大原孫三郎でさえ、常に一方で算盤《そろばん》をはじき、生産第一主義のためには工業村構想も変更することをためらわなかった」、「労働者住宅に対する一連の取り組みは部分的

には成功したものの、全体としては大きな潮流には逆らえなかったといえよう」という評価もある。(10)

いっぽうで、労資問題の研究に従事していた宇野利右衛門《うのりえもん》は、「倉敷紡績の社宅に於ける職工待遇法」の中で、「家は皆南向きの平屋作りである。間取りと言い、光線の取り具合と言い、申分のない善い住居である」、「社宅の事務一切は、社宅事務所に於て、係長以下五人の役員によって取り扱われて居る。されば頗《すこぶ》る緻密《ちみつ》な点にまで注意が届いて、居住者の安全平和が保護されて居る」というような評価を下していた。(11)

温情主義の排除

この時代、鐘淵紡績の経営者の武藤山治《むとうさんじ》（一八六七—一九三四）などが唱えた温情主義が社会的に有名になっていた。武藤については第七章で取り上げるが、温情主義とは簡単にいえば、経営者や家長という、上の立場にある者が、労働者や子供など、下の立場にある者に温情や保護を与える、そうすれば下の者は、上の者に感謝して従うようになるというような考えであった。

これに対して、孫三郎は当初、人道主義や人道的教育主義という言葉で自らの方針を表現していた。しかし、後に孫三郎は、人格向上主義という言葉を用いて、自分の考えを表明するようになった。人道主義という言葉が孫三郎の意図する意味合いとは異なり、武藤の温情主義的意味合いで理解されることを回避したかったのだと思われる。

人格向上主義という言葉を孫三郎は、弱い立場にある労働者の人格を重んじ、一人前の人間として取り扱う、それと同時に、教育によって人格が尊重されるようになることを助ける、という意味で使っていた。

「決して姑息な考えに非ず」

また、孫三郎の改革は、当時、資本家の間で一般的に行われていた職工不足対策として見られることもあったかもしれない。確かに、「女工の悲惨さが知れ渡るにつれ、女工不足になり、私立尋常小学校や愛と自由のない外観上は美しい寄宿舎や住宅をつくる企業が増えた」というような指摘も『女工哀史』には見受けられる。孫三郎の改革も実際にそのような受け取られ方をしたのかもしれない。

しかし、この点に関して孫三郎は、自分は功利主義的な側面の強い経営者とは違う、彼らとは一線を画したい、と考えていたと思われる。孫三郎は、「私の改革は、一時的な人気取りの方略や御都合主義とは根底を異にするもので、職工不足対策のような姑息《こそく》なものではない」と言い切っていた。

「決して自己の利益のためにあらず」という思いで、社会や民衆のために役に立つのならばそのために働こうと孫三郎は考えた。進取的な精神を父祖からも強く引き継いだ孫三郎は、古きもの、伝統を大切にしながらも、それらを後生大事に守り自慢することを否定し、小手先の改革ですまそうとせず、新しいもの、進んだものを積極的に取り入れたのである。

経営面の改革

孫三郎は、社会や文化、教育のために大金を投じつづけた人物ではあったが、「良いことならば何でも金銭を出す」社会事業家とみなされることは好まなかった。孫三郎は、熱心な人道主義者であるとともに、有能な経営者であった。事実、孫三郎が打ち出した積極的経営策(たとえば吉備紡績の買収など)は、どれも功を奏し、後の発展につながっていった。営利を追求する企業家として物事を遂行するときには、常に収支を考えたと孫三郎は語っており、当然のことながら、各種の財務表や統計数字にも頻繁に目を通していた。経済と道徳・倫理は両立できる、両立しようと考えた孫三郎は、情と理の両側面を有していたのであった。

また、社会経済的な格差の拡大を危惧《きぐ》し、機会の平等のために尽力した孫三郎ではあったが、均一、横並び、結果までの平等を目指していたのではなかった。孫三郎は、公正な競争や能率も尊重していた。また、経験則ではなく、科学や学術に裏打ちされた方策を信奉した。そして、科学、理に基づいた改革のために、学術、教育を重視した。

新しい人事体制

「事業は人にあり」と考えていた孫三郎は、業務改革の一つとして、人事の刷新と綱紀の粛正を行った。これによって、専門学校や大学を卒業した多数の社員が積極的に倉敷紡績に採用され、その数は一九〇六年（明治三十九年）から一九一二年までに三十人にのぼった。

そこで孫三郎は、倉敷の御船町《みふねちょう》にあった外科病院の入院室だった建物を買い取って、新入社員のために、職員寮の「人島寮」をつくった。若い社員とほとんど同年代だった孫三郎は、毎晩のように人島寮を訪問して社員と議論を交わした。

柿原政一郎《かきばるせいいちろう》秘書も人島寮に住んでおり、この寮は後には会社のクラブのようになったという。倉敷工場保育所など、人島寮での議論を基に孫三郎が実行に移したことも多く、これらの新入社員は、数年後には、孫三郎を支える会社の中堅幹部となっていった。

また、社員充実のいっぽうで、社長直轄の大阪事務所を設立し、営業担当の駐在員を送るなど、営業面での改革も行われた。

現状維持よりも積極的態度で

孫三郎は、阻止することが難しい時代状況や外部環境の変化に対しては、ただやみくもに抵抗するのではなく、それらを受け入れる心積もりで打開策を見出すことに傾注した。このような孫三郎の姿勢を例示するものとしては、小作料の金納制を早期から主張していたことを挙げることができる。当時は、米で小作料が支払われていた。

孫三郎は、「昔からの習慣で現在も小作料は米納に限っているのでありますが、これは実際に農業者を働かし、また農業者を幸福にし、農業を発達させる所以《ゆえん》ではないと考えます。米納は、地主にとっては米価の昂騰《こうとう》によって利益する、また凶作で一割小作料を引いても米価が一割以上騰貴すれば損はない。地主は米で取ってその中から税金を金で納め、そして米価の高低によって、悪くいえば少し理屈を外れた利益を得るということはよろしくないのではないか。どうしてもこれは金納にならなければならぬ性質を持っていると直観的に考えている訳です。これを農業者の方から申しましても、自分で生産した米を自分で処理することになりますれば、余程一般の農業者の経済思想も変って来て、その為に米券《べいけん》倉庫も出来、金融の道も講じられるようになって参りますれば、農業改良の上にも一進歩を来すものと存じます」と一九一三年（大正二年）に三重県の地主懇談会で主張していた。

ただし、地主である孫三郎がこのとき主張した小作料金納制が実現したのは、第二次世界大戦後の農地改革によってであった。

また、当時、深夜業や幼年労働が問題となりつつあり、それらを規制する工場法を制定しようという機運が高まっていた。これについても孫三郎は、徹底して反対という姿勢はとっていなかった。武藤山治や渋沢栄一《しぶさわえいいち》（一八四〇－一九三一）など財界のリーダーは、国際競争力をつけることが先決であるという考えで、工場法に反対を表明しつづけていた。

しかし、孫三郎は、深夜業の廃止は避けられない動向であると判断しており、「現状維持のままでは時代・経済の変動に対応すること到底不可能」であると考えて、「積極的に行動をおこす」経営方針をとっていった。そのためには企業規模を拡大して競争力を強化していくことが必要であると考え、新しい工場や紡績会社の設立、合併、買収を積極的に行った。

前述した万寿工場や高松《たかまつ》工場の新設、吉備紡績や日本メリヤス工場設備の買収、讃岐《さぬき》紡績、松山《まつやま》紡績、早島《はやしま》紡績、岡山染色整理などとの合併を倉敷紡績は積極的に行った。一九〇六年（明治三十九年）から一九二四年（大正十三年）までのこのような経営拡大によって、倉敷紡績の総資産は約三十八・八倍（二千九百十二万円）も増大したことを大津寄勝典《おおつきかつすけ》は指摘している(12)。大津寄はまた、倉敷紡績が十大紡績の一社として、第二次世界大戦を経た今日まで生き残ることができた大きな理由は、このときの量的拡大にあるという見解を示している。

大陸進出計画と視察

また、他の同業者に出遅れたが、倉敷紡績も、国内の綿業の不況などを考慮して、中国大陸や朝鮮半島への工場設置を一九二一年（大正十年）五月頃から考えるようになっていった。そこで孫三郎は、大陸へ進出する余地の有無を自らが最終的に見極めるために、一九二三年三月二十六日に中国視察へと旅立った。

この生涯一度きりの海外出張を契機にして孫三郎は、中国の北京《ペキン》で子女教育活動に携わっていた清水安三《しみずやすぞう》（一八九一―一九八八）を支援するようになった。清水の表現を借りれば「ドル箱のようにしてパトロン」になった。そのときの様子を清水が生き生きとくわしくインタビューで語っているので、長くなるがふれておきたい。

大原奨学生だった公森太郎《きみもりたろう》（一八八二―一九五三）が当時、大蔵省財務官として北京に駐在しており、公森が清水に孫三郎のガイドを依頼した。清水は、到着した電車の中まで出向き、その旨を告げた。ところが、ガイドはすでに決まっていると、最初は断られてしまい、拍子抜けしたと清水は述懐していた。

「一つの列車（車両）を借り切っておられたんです。非常に良い列車で、籐《とう》の椅子《いす》であったと思うんですが、列車の中にソファーが並んでいて余計な人は乗れ」ないような豪華な車両に孫三郎は腰掛けていた。結局、清水は孫三郎に呼び戻された。そして、七日案、五日案、三日案という、きちんとつくっておいた三種のリストを示しながら清水が説明したところ、北京でのガイドを任されたというのであった。清水がリストアップしていた場所――城やチベット仏教の本山、孔子廟《こうしびょう》、老子廟《ろうしびょう》、北京大学、遊郭、芸者・娼妓《しょうぎ》が逃げ込んだ場合には治外法権となり連れ戻すことができない施設、粥《かゆ》の配給場所、古本屋・骨董《こっとう》街など――には、他の人が見に行かないようなところが多数あったと清水は振り返っていたが、毎日、五―七台の馬車を連ねて見物してまわったという。

この中国出張では孫三郎は、清水に紹介されて、図書館の司書をしていた毛沢東《もうたくとう》（一八九三

倉敷紡績倉敷工場の外観を残したままの倉敷アイビースクエア
（筆者撮影）

―一九七六）、魯迅《ろじん》（一八八一―一九三六）など、その後の中国に大きな影響を与えた青年思想家、文化人と会っていた。孫三郎はまた、清水が郊外の「貧民窟《ひんみんくつ》」で開いていた学校（千五百―千六百坪の土地に教室が三つしかない小さな寺子屋風の平屋で生徒は約六十人程度であった）も見学した。将来的には森林の中に建つ学校というような環境にするために柳を植林しなさい、などといろいろな構想を提案して孫三郎は帰っていったということであった。

結局、中国には倉敷紡績は進出しなかった。

倉敷紡績は、繊維事業以外にも化成品事業、不動産活用事業、自動車教習所などを手がけながら現在に至っている。なお、倉敷アイビースクエアは、戦争終結とともに操業を停止し、倉庫として使っていた倉敷工場を一九七四年（昭和四十九年）に、外観（蔦《つた》のからまる赤レンガの壁など）と基本構造を最大限残しながら、倉敷紡績がリフォームし、経営しているものである。

三　倉敷絹織の経営⒀

綿紡績の不振と新規参入分野の調査

倉敷紡績を発展させた孫三郎は、経営多角化を図り、一九二六年（大正十五年）に倉敷絹織を設立した。倉敷紡績は、孫三郎が父から引き継ぎ、全身全霊を傾けた主たる経営企業であり、倉敷絹織（現在の株式会社クラレ）はそれと一体をなす意味を持った企業であった。そこで、設立までの経緯などをくわしく見てみることにしたい。

明治政府が推進してきた殖産興業の重要な役割を担ってきた紡績産業は、第一次世界大戦時に躍進したが、その後の世界恐慌による深刻な不況の影響を他の産業と同様に被った。孫三郎は、倉敷紡績がそれほど深刻な影響を受ける前に備えておくべきだと考えた。そこで、「綿業不振の局面打開策」を構想することにし、新たに参入可能な分野の調査を一九二二年に指示した。

主として、製糸・絹紡事業、羊毛工業、人絹工業に関する調査が行われた。前者二つに関しては、古くから発達していること、綿紡績と同様に不況に直面していること、また、その将来性と危険性という点で参入の候補からはずされた。詳細な調査対象となったのは、新興工業として世界的に勃興《ぼっこう》する気配を見せていた人絹（人造絹糸。天然の絹糸を模倣して人為的に製造した繊維。レーヨン）事業であった。

孫三郎は人絹事業に関する調査報告に大きな関心を持ったが、倉敷紡績のほとんどの重役が難色を示した。「仕事を始めるときには、十人のうち二、三人が賛成するときに始めなければいけない。一人も賛成がないというのでは早すぎるが、十人のうち五人も賛成するようなときには、着手してもすでに手遅れだ、七人も八人も賛成するようならば、もうやらない方が良い」と息子の總一郎に語っていた孫三郎は、先見の明と勇気を持っていた。しかし、同時に、他人の意見に耳を貸す姿勢と正確な状況判断も兼ね備えていた。

詳細な調査報告を聞き、心を動かされたが、このときは人絹事業への着手は見送られた。しかし、人絹事業はその後、海外で発展の兆しを見せるようになった。そのため、孫三郎は「今回は賛成一人でもやる」と人絹事業への着手を主張しだした。その結果、それまでの研究調査に基づいた人絹事業着手の方針が一九二五年には固められた。

ちなみに、この新しい分野への進出について、總一郎は、「父が人絹への進出を決意した理由は絹、毛、麻などの繊維の将来に大きな期待が持てなかったことのほかに、絹を除く我が国の繊維工業が原料を一〇〇％海外に依存し、僅《わず》かな工賃を稼ぐ単なる加工産業に過ぎず、そのために市況は全く海外の原料相場によって牛耳られ企業自体の安定を得られない欠陥を救うため、この比較的原料のウエイトが軽くて安定度の高い、しかも将来の発展性に富む人絹工業に活路を求めたことは否定できない」と分析していた。(14) 孫三郎のこの考え方は、後に總一郎が合成繊維ビニロンの開発、工業化を目指した理由とまさに重なる。

總一郎もまた、第二次世界大戦後の廃墟《はいきょ》のなかから日本が立ち上がり、経済的自立を果たして真の独立国となるためには、日本の原料と労働力、そして技術でつくることのできる合成繊維が必須《ひっす》だと考えたのである。(15)

工場分散主義

孫三郎の意図も強く働いて、一九二六年（大正十五年）に倉敷紡績の多角経営から誕生し、そして独立企業となった倉敷絹織（当初の本店所在地は倉敷紡績本店内、社長は孫三郎が兼務）では、徹底したコスト削減と積極的な拡張の方針が採られた。孫三郎の工場分散主義に基づいて、一九三二年（昭和七年）－三七年にかけて三つの工場が新設され、基盤が築かれていった。

工場分散主義について孫三郎は、「一ヵ所で大きな工場を運営することは不利で、分散主義をとることにより、各工場の技術の特徴を発揮させ、そして批判してまた新工夫を出させる。積極的に技術を取扱って行こうというのが、新居浜《にいはま》、西条《さいじょう》、岡山の各工場をつくらせた理由でありまず。感情的な無意味な競争ではなくて、技術的な競争、技術の新発見、技術的進歩という意味から分散主義をとったのであります」と説明していた。孫三郎は、大工場一ヵ所での量産とコスト削減よりも、競争に基づいたイノベーション誕生の社風づくりを重視していたといえよう。

一九三三年は、米国でニューディール政策が開始された、不況色が濃かった時期ではあったが、孫三郎は、レーヨン工業の将来に明るい見通しを抱いていた。

新しいことへの挑戦、自助、独創性重視という孫三郎の特徴は、倉敷絹織の創設と初期の経営方針のなかにも顕著なことがわかる。当時の人絹工場は、欧州からプラントを輸入し、外国人技術者を招聘《しょうへい》して、工場設計から機械据付、操業開始にまで漕《こ》ぎつけることが一般的であった。しかし孫三郎は、そのようなルートを選択しなかった。

産学協同の先駆者

倉敷絹織創設以前、経営の多角化を決した段階で、孫三郎は京都帝国大学工学部と連携して京化《きょうか》研究所を設立した（倉敷絹織創設時に研究所吸収）。

桜田一郎《さくらだいちろう》（一九〇四－八六）博士率いる京都帝国大学との連携で国産初の合成繊維ビニロンの工業化を成し遂げた總一郎は、産学協同の先駆者と称されることも多いが、実は、孫三郎がその先駆者の一人だったのである。

孫三郎は、京都帝国大学の荒木寅三郎《あらきとらさぶろう》（一八六六－一九四二）総長と福島郁三（一八八二－一

九五一）教授に相談を持ちかけた。その結果、人絹研究開発のための、倉敷紡績と京都帝国大学の連携が実現した。それと同時に孫三郎は、倉敷紡績の若い技術者を抜擢《ばってき》して欧州に派遣した。通常は、外国からの技術導入、そして研究所設立という順序が踏まれることが多いが、倉敷紡績の場合は、まずは研究所設立、そして技術導入と技術開発が相互補完の形で追求された。

遠回りによる優位性

總一郎が、「同業各社より一応の立ち遅れを示したが、窮極においては、之等《これら》の会社が外人技師を抱えることによって厖大《ぼうだい》な人件費を必要としたばかりでなく、自社の技術者が技術の習得ができないので、外人技師達を退陣せしめて新規蒔直《まきなお》しのスタートを切ったため、資金的や時間的に大きな無駄をしている間に、倉絹が業界のパイオニヤである帝人《ていじん》と覇を争う優位をかち得たことは記録されてよい」という見解を示していたように、新しいことへの挑戦、自助、独創性重視という孫三郎の特徴は、長期的、究極的なプラスを倉敷絹織にもたらした。

倉敷絹織は、その後、姉妹会社として出発した倉敷紡績とは別資本の会社として独自の道を歩み、倉敷レイヨン、そしてクラレと改称した。クラレは、戦後には、国産初の合成繊維ビニロンの工業化を世界にさきがけて成功させた。現在、ビニロンの由来品であるポリビニルアルコール樹脂やエバール樹脂などの用途をまったく様変わりさせて独自の製品をつくりだし、世界のトップシェアを占める化学会社となっている。

孫三郎は、「人は事業や生活で主張を実行すべきであり、自分は主張のない仕事は一つもしないように、主張のない生活は一日も送らないように」と心がけていた。孫三郎は自分の主張と一致せずとも他に追随していくという比較的楽な道を進むのではなく、自分の主張にそった独創的な方法を用いて、社会構成メンバー間の利害の一致を図ろうとした。

自分自身の主張に正直になって具体化、実践していったものが後章で述べる科学研究所の設立・運営、地域の教育活動などの様々な事業であり、倉敷紡績を中心とする企業経営であった。倉敷紡績や倉敷絹織の企業経営の例からもわかるように、大原孫三郎は、情にのみ傾いていたのではなく、理と情、経済と道徳・倫理のバランスをとりながら自分の主張を貫き通したのであった。

第三章　地域の企業経営とインフラ整備

孫三郎は、倉敷、岡山、ひいては日本の発展のために産業を振興しなければならないと考え、倉敷紡績とそこから派生した倉敷絹織の経営に尽力した。さらに、本業である繊維産業の発展のためには、金融事業と電力事業の強化拡充も必須であると、孫三郎は考えた。また、ひろく産業全般の基盤となるインフラ企業についても重要視していたため、前章でふれた倉敷紡績や倉敷絹織以外の企業統合・整備・経営にも携わった。それらの企業は、現在の中国銀行、中国電力、山陽新聞社などにつながっていったものである。

そこで本章では、孫三郎が推進していった、地域の企業の整備・形成過程を見てみることにする。

家督相続から二年を経て孫三郎は、倉敷紡績の社長の座と倉敷銀行の頭取の座を同時に、父孝四郎から受け継いだ。その後、倉敷銀行の頭取として孫三郎は、六行合同による第一合同銀行設立に尽力した。やがて第一合同銀行は、山陽銀行と合併し、中国銀行が誕生した（孫三郎が頭取に就任）。中国銀行は、現在も岡山県を代表する地方銀行として盛業中である。そこに至るまでの経過と孫三郎の銀行観は果たしてどのようなものだったのだろうか。

一　金融――中国銀行

米国型の銀行制度導入と国立銀行条例

岡山には第二十二国立銀行が一八七七年（明治十年）に、高梁《たかはし》には第八十六国立銀行が一八七九年に開設されていたが、一八八八年に倉敷紡績が設立された当初、倉敷には銀行はなかった。そのため、倉敷紡績は、大阪などの遠隔地との金融取引のためには、岡山まで出て、第二十二国立銀行を利用しなければならなかった。

明治以降の日本の金融政策は、明治初期までに大量に発行された太政官札《だじょうかんさつ》（金札）などの不換紙幣を回収し、それに代わる兌換《だかん》紙幣を新たに発行することを急務とした。

しかし、どのような近代金融制度を導入するかについては、政府内で意見が分かれた。英国のように、中央銀行を創設して、銀行券の発券は中央銀行のみが独占する、他の民間銀行は発券機能を持たないという制度にするべきだとの意見もあった。いっぽう、米国型の銀行制度を採用するべきだという意見もあった。なぜなら、新たに中央銀行を確立してシステムを整備するよりも容易で現実的だと考えられたためであった。最終的には、参議の大隈重信《おおくましげのぶ》（一八三八—一九二二）、大蔵大輔《おおくらだいぶ》の井上馨《いのうえかおる》（一八三五—一九一五）、大蔵少輔《おおくらしょうゆう》の伊藤博文《いとうひろぶみ》（一八四一—一九〇九）が主張した米国型の銀行制度が採用された。

こうして制定されたものが一八七二年の国立銀行条例であった。これは、連邦政府に認可された銀行すべてに兌換銀行券を発券することを認めている米国のナショナル・バンク制度を手本にしたものであった。

この条例に基づいて、第一国立銀行（渋沢栄一たちが起案。第一勧業銀行を経てみずほ銀行に）などの四つの銀行を皮切りに、国立銀行は急増していった（合計一五三行）。それと同時に、それら数多くの国立銀行が発行する多種の銀行券が競争的に流通する状態となっていった。ちなみに、国立銀行と訳されたが、この意味合いでは国法銀行が適切な訳語である。

次々に国立銀行が設立され、多種多様な紙幣が発券されるようになった状況の下の一八八二年三月、松方正義《まつかたまさよし》（一八三五—一九二四）大蔵卿《きょう》が、「多様な紙幣を整理し、日本全体を一つの金融システムの下に統合すべきである、そのためには、兌換銀行券の発行権利を中央銀行のみに限るべきだ」というような構想を打ち出した。これは後に「松方デフレ」と呼ばれるようになった引き締め策の一環でもあり、発券機能を有する唯一の中央銀行と複数の民間銀行からなる英国型の銀行制度への方向転換であった。それから三ヵ月後には日本銀行条例が制定され、同年十月には中央銀行である日本銀行が開業した。

銀行条例の制定

一八九〇年(明治二十三年)になると、民間銀行の設立と監督の根拠をなす銀行条例が制定(一八九三年施行)された。それまでの間、数多く設立されてきた普通銀行には根拠となる法令がなく、大蔵省が承認していたものや、地方庁が承認していたものが混在していた。「銀行の事業を営まんとするものはその資本金を定め地方長官を経由して大蔵大臣の認可を受くべし」(第二条)という銀行条例によって、大蔵省の監督下に置かれること、条例に基づいて登録する民間銀行を銀行とすることがはじめて規定された。

この銀行条例の制定は、倉敷紡績の創業から二年後のことであった。その後、日清《にっしん》戦争を経て日本の資本主義化には拍車がかかり、多くの企業が設立された。また、最低資本金額の規定のない銀行条例の下、普通銀行も各地に数多く誕生することになったのであった。

倉敷銀行設立

この動向を見逃さずに普通銀行設立に動いたのは、倉敷紡績の幹部も同様であった。倉敷の

倉敷銀行本店跡地に建つ中国銀行倉敷本町出張所（旧第一合同銀行倉敷支店）（一般財団法人有隣会・林良子提供）

町にも一八九一年に倉敷銀行が設立され、頭取には大原孝四郎が就任した。その他の取締役や監査役なども、大部分が倉敷紡績の関係者であった。こうして倉敷紡績は、いわゆる機関銀行（借手企業と密着した小規模銀行）を持つことになった。

倉敷銀行は、近隣の企業も得意先としたので、近隣産業の興隆、そして倉敷紡績の発展とともに、成長を続けた。孫三郎は、この倉敷銀行の頭取のポストを孝四郎から受け継いだ。孫三郎が頭取に就任した一九〇六年以降、倉敷紡績や近郊の産業の発展も寄与して純益は大幅にアップしていった。

小規模銀行の乱立と金融不安

銀行条例の公布、全国的な企業熱の勃興とそれに伴う銀行収益率の増加によって、銀行はどんどん増加していった。しかし、法定の最低資本金額がないことが大きく影響して、そのほとんどが資本金の少ない小規模銀行であった。また、銀行条例は、銀行や銀行役員の他業との兼営を特に禁じていなかったため、銀行経営についての見識や原則に明るくない経営者も多く、当初から経営が不安定なところも多かった。

政府は当初、銀行の増加を歓迎していたが、堅実性を失って信用を乱発したり、預金・取引の無用な競争をするなど、合理性を欠いた経営をする銀行が乱立したため、金融、信用基盤が不安定になってしまった。この金融秩序の乱れを危惧した政府は、それまでの放任主義を反省し、銀行の合同を勧奨、促進するようになった。一八九六年（明治二十九年）には、合併知識の普及と合併手続きの簡素化を意図した銀行合併法を制定し、合併勧奨にさらに力が入れられた。

岡山県では、一九一四年（大正三年）に赴任した笠井《かさい》信一《しんいち》（一八六四―一九二九）知事が積極的に合同を説いた。そのため、経済界の有力者の間でも合同への気運が高まっていった。孫三郎は、後述するように電力事業分野ですでに合同、合併を経験していたので、銀行の合同についても率先して働きかけた。また、孫三郎は、積極的に合併を行っていた近江《おうみ》銀行へ銀行の職員を派遣し、合併・買収などについての現場経験を積ませた。

第一合同銀行設立

孫三郎は合同に積極的な意向を持っていたが、それでも、事は簡単には進まなかった。膠着《こうちゃく》状態を一挙に動かしたのは、笠井知事による合併についての各行への打診であった。知事の動きを契機として、倉敷銀行をはじめ、茶屋町《ちゃやまち》銀行、倉敷商業銀行、天満屋《てんまや》銀行、鴨方《かもがた》倉庫銀行、日笠《ひかさ》銀行、玉島《たましま》銀行の七銀行が合同の意向を示し、話し合いが重ねられた。孫三郎は、新銀行設立のための実行委員長として尽力した。その結果、玉島銀行を除く六行の合同が実現した。

各銀行の権利義務はすべて設立する新銀行に移転する（全銀行がいったん解散し、その上で新法人が設立される）、各行から一人が役員として新銀行に加わるなどの条件で妥結した。資本金額、預金額などは倉敷銀行が最大手であったこともあり、孫三郎が頭取に就任した。この新たに設立された第一合同銀行は、一九一九年（大正八年）に岡山市で開業した。

山陽銀行誕生

岡山県南部の銀行が集まって第一合同銀行がつくられてから四年後の一九二三年（大正十二年）には、北部の六銀行が合同して、津山町《つやまちょう》に作備《さくび》銀行が設立され、さらにその翌年には津山銀行と合同し、山陽銀行が誕生した。

これによって、岡山県には南部を拠点とする孫三郎たちの第一合同銀行と北部を拠点とする山陽銀行が併存することになった。孫三郎を頭取にした第一合同銀行は、県下の小規模銀行を積極的に合同していった。(1) それに対して、山陽銀行も、県の南部や近隣県への進出を果たしていった。

第一合同銀行と山陽銀行に対する合併勧奨

一九二七年（昭和二年）三月になって銀行法が公布された。これは預金者保護や銀行経営の健全性確保のために最低資本金の基準を定めたもので、法定以下の資本金の銀行は五年以内にその条件を満たさなければならないことになった。政府や府県などは以前から合同を勧奨してきたが、それでも依然として小規模な銀行が乱立していた。大蔵省は、あくまでも合同は勧奨であって、気運を醸成して合同を助けていくとの姿勢を示してはいた。しかし、実際には、銀行が一行単独で増資するのではなく、合併によって条件をクリアすることを行政指導していた。岡山県に関しても、第一合同銀行と山陽銀行は無用無益な競争を回避し、地盤を強化していくようにと勧奨していた。両行ともに、資本金は各々千百八十万円、千三十五万円（一九二六年十二月付）と、銀行法で定められた資本金の下限、百万円（東京と大阪に本店を有する場合は二百万円、人口一万人以下の町村に有する場合は五十万円）を満たしていたが、確かに不況の深刻化によって貸付金の焦げ付き、運転資金の欠乏などの不安材料を抱えていた。

近江銀行の取り付け騒ぎ

そのようなおり、鈴木《すずき》商店の経営破綻《はたん》、台湾《たいわん》銀行の経営危機、株式相場の暴落などの金融恐慌が発生した。銀行取り付け騒ぎが起こるなど、金融界に激震が走った。一九二七年（昭和二年）四月二十二日には、「金銭債務の支払延期および手形の保存行為の期間延長に関する件」という緊急勅令、そして、三週間の支払猶予令（モラトリアム）が出された。

このとき、近江銀行も休業に追い込まれた。孫三郎は、六年前から近江銀行の取締役に就任していた。池田《いけだ》経三郎（一八六七―一九二三）頭取からの就任要請を受け入れたもので、第一合同銀行創設のさいに、岡山市出身の池田頭取（日本銀行から近江銀行に入行）の助力を得ていたためであった。前述のように若手社員を近江銀行での研修に向かわせるなど、近江銀行と孫三郎には交流があった。

近江銀行は、さかのぼっては一九二〇年（大正九年）の恐慌の直撃も受けていた。その三年後には池田頭取が死亡していた。そして、関東大震災、一九二七年の金融恐慌の影響を大きく受けたのであった。単独整理を諦《あきら》めた近江銀行は日本銀行に整理を一任し、日銀が「近江銀行資産負債査定表整理案」（十月二十日付）を策定していた頃、四十六人からなる近江銀行預金者擁護団が孫三郎を訪問した。近江銀行の取締役である孫三郎に私財提供を要求するためであった。

この訪問の前日の一九二七年十二月七日、姉の卯野（孫三郎の借金問題で奔走した邦三郎の未亡人）が亡くなっていたため、孫三郎は、このときは、善処するとだけ回答した。孫三郎は、近江銀行の平取締役であったが、後日、「善処」として、大阪の別邸の不動産（評価額二十三万六千二百七十円）と中国合同電気の株式（三十一万三千七百三十円）、総額五十五万円の私財を提供した。

近江銀行の整理(2)

前述した日銀による「近江銀行資産負債査定表整理案」によると、近江銀行の欠損額は四千六十五万九千円に達しており、七つの手段をもってこれを補塡《ほてん》することとなった。その手段のなかには、払込済資本金、積立金の他に重役提供資産として五百十万円という項目が含まれていたのだが、孫三郎以外の重役による私財提供はどのようなものだったのだろうか。

日銀の斡旋《あっせん》によって頭取に就任した保井猶造、常務取締役の朝倉茂次郎、副頭取の森永助《もりながすけ》の三人が合計で十万円を提供したことになっている。これが最低額で、次は、取締役の伊藤忠三の十五万円、その次が孫三郎の五十五万円、それから監査役の北川与平が九十万円、元頭取の下郷伝平《しもごうでんぺい》が百二十五万と続く。最高額は矢面に立って整理に尽力した取締役の阿部《あべ》房次郎《ふさじろう》（東洋紡績社長）と監査役の阿部市太郎の二人で合計二百十五万円であった。

ただし、孫三郎は確かに私財を提供していたが、常任の重役が実際に提供したのかを疑問視する声も上がっていた。また、「休業後日銀に提出したバランス・シートの欠損額を数回変改した」という重役のモラル・ハザードも指摘されていた。

孫三郎の五十五万円、ひいては重役の私財提供の五百十万円では、預金者は不満であったかもしれない。しかし、いずれにしても、孫三郎は、孫三郎個人と第一合同銀行への影響や信用を考慮して対応する必要性を認識していた。それと同時に、第一合同銀行と近江銀行との取引はその前年で終了しているため、近江銀行の非常勤の平取締役としての責任はこれで充分果たせるのではないかと孫三郎は考えていた。

孫三郎のこの私財提供の申し出を受けた日銀総裁の井上準之助《いのうえじゅんのすけ》（一八六九―一九三二）、大蔵大臣の三土忠造《みつちちゅうぞう》（一八七一―一九四八）は、関係方面へ善処を命じた。孫三郎の大阪上本町《うえほんまち》の別邸の土地・建物は一九二八年（昭和三年）に近江銀行へ引き渡され、孫三郎と近江銀行の関係は清算された。休業していた近江銀行は、同年三月三十日に昭和銀行（後に安田《やすだ》銀行が吸収合併）に吸収合併された。

中国銀行の誕生

一九二九年（昭和四年）からの不況のあおりは、倉敷紡績をも例外なく襲い、倉敷紡績は創業以来はじめての欠損を一九三〇年上期に計上した。孫三郎は、打開策を模索したが、第一合同銀行からの借入金の返済期日も近づいていた。第一合同銀行の都合上、借入金は期日どおりに返済しなければならなくなった。

孫三郎は、日本興業銀行財界救済特別融資による救済を仰ぐしかないと考えた。そこで、結城豊太郎《ゆうきとよたろう》（一八七七―一九五一）総裁と面談し、どうにか、日本興業銀行から融資を得ることができた。その融資金をもって倉敷紡績は第一合同銀行の借入金を期日どおりに返済し、事なきを得た。

しかし、このとき日本興業銀行は、倉敷紡績の徹底的な合理化、そして、第一合同銀行の経営内容の改善、ひいては山陽銀行との合併を要請した。政府筋の意向も含まれていたこの要請を受けた孫三郎は、合併についての非公式な相談を大蔵省に持ちかけた。相談を受けた大蔵省は強力な合併勧告を出し、第一合同銀行と山陽銀行は合併するに至った。

このようにして一九三〇年十二月に開業した中国銀行（本店は岡山市）の頭取には孫三郎が就任し、一九四〇年一月の定時株主総会で公森太郎（岡山出身の大原奨学生、東京帝国大学を経て大蔵省入省、朝鮮銀行副総裁などを歴任）に引き継ぐまでの九年あまりにわたって経営をリードした。

中国銀行は、その後、現在に至るまで岡山市に本店を置き、岡山県、広島県、香川県に多くの支店を有し、地域密着型の金融機関を目指しながら活動を続けている。

孫三郎の銀行観

では、孫三郎はどのような銀行観を持って、金融事業の設立、合併、経営に携わったのであろうか。

孫三郎は、第一合同銀行の設立にさいして、全行員百二十五人を大原家の向邸《むかい》（現在の大原美術館の敷地）の園遊会に招待した。その席で孫三郎は、「合併の目的はいうまでもなく小資本の分立を避け、資本の合同によりて経済界の大勢に順応せんとするにある。（中略）由来岡山県には中心銀行なるものがなく、（中略）真に県下の産業発展を助長するに足る機関がなかったのは、自他共に遺憾とする所であった」と合併についての思いを語っていた。孫三郎の考えた健全な銀行とは、確固とした資本と経営基盤を持ち、産業発展を助け、経済界の大勢に伍していくことを後押しする類《たぐい》のものであったことがわかる。

備前では伊原木《いばらぎ》、武藤、星島《ほしじま》、日笠、備中では大原、溝手《みぞて》、高戸《たかと》、美作《みまさか》では土井《どい》、苅田《かんだ》という旧家や富豪が存在しており、それぞれが銀行を擁して経営に携わっていた。孫三郎は、先に述べたような考えに従って、乱立して無駄な営業競争を繰り広げていた小資本の銀行の合併を是とし、整理統合をリードしたのであった。

「単なる金貸業を越えた、産業を助長する金融業たれ」

また、このとき孫三郎は、「兎角《とかく》小銀行は単純なる金貸業者となる傾向がなきにしもあらずである。何となれば、営業は利鞘《りざや》のみを狙《ねら》うようになり、其結果は金融緩慢の際はむやみに貸出し、少しく不景気になれば直ちに回収するに至る。斯《か》くの如《ごと》くにしてどうして産業の発展を期し得ようか。対物信用は素《もと》より不可なしと雖《いえど》も、従来余りにこれに重きを置くきらいがあった。事業の性質、人物の如何《いかん》によって大いに金融上の利便を与えるのが、産業を助長する所以《ゆえん》であると思う」とも語っていた。

対物信用（質権・抵当権など物的なものに基礎を置く信用。いわゆる担保）さえあれば良しとするのではなく、事業の性質や人物を考慮して金融上の利便を供するという度量が銀行には重要であるという孫三郎のこの言葉は、バブル期の銀行融資のあり方を見越した戒めといえよう。

孫三郎は一九二三年（大正十二年）十月五日の第一合同銀行支店長会議でも次のような方針を説明していた。多少長いが、次に記しておく。

「本県下における産業上の金融について、本行の責任は一層重大となるに至った。本行は、単に商業金融のみに止《とど》まらず、進んで一般産業に対して日頃の主張に向って大に努力すべき必要を自覚する事となったのである。今や全国を通じて農村疲弊の声高く、為政当局を始め各方面で之が振興救済に努めつつあるが、本行としては、農村振興に力を尽すべきことは当然の任務であるから、此方《この》面に放資する方針を採る事とした。例えば自作農たらんとするための土地購入資金、農具・肥料用資金、又は産業組合・公私組合に対する資金等を融通することにより、出来得るだけ農村振興の実績を挙げる様に努めたいと思う。要するに、此意味における不動産担保貸付をすることを発表する訳である。依って普通商工業資金は勿論、農村振興資金を融通して、県下産業の助長、融資の円滑を図ることは、本行創立の主旨であると同時に、本行が地方銀行たるの使命を果す所以である」

銀行の使命は、産業振興を助けることであり、特に、地方銀行の場合は、農村振興に尽力することも重要な役割の一つだと孫三郎は考えていたことがこの訓示からわかる。

さらに、中国銀行の頭取辞任を内心では決意していたと思われる一九三八年（昭和十三年）八月には、次のような訓示を行員に行っていた。「得意先の繁栄は即銀行の繁栄であり、銀行の繁栄は即得意先の繁栄である。両者を不即不離の関係にあらしめよ。常に相談相手となり本当の親切で接し行かれよ。公平なる取扱が肝要である。これを公に主張しうるよう各自修養頂きたい。理想のない仕事には生命がない。過去の知識、経験に囚《とら》われず白紙で進み、情味のある軌道にのった『人間中国銀行』の建設の使命に邁進いただきたい」。この訓辞からも、銀行を無機質な単なる金貸業ではないと孫三郎が考えていたことがうかがわれる。

二　電灯と電力——中国電力へ

濫觴期の電力業界

英国の産業革命以降、蒸気機関の発明によって長足の進歩を遂げた紡績業であったが、孫三郎が倉敷紡績を牽引《けんいん》していた当時の日本では、蒸気機関から電気への転換が起こりつつあった。孫三郎も、蒸気機関から電力への切り替えを進めるとともに、自ら電力会社を設立して経営した。さらに孫三郎は、電力業界においても、前述した金融業界より先に、小規模の電力会社の乱立を回避するための合同・合併を推し進めていった。

そこで、本節では、現在の中国電力の形成に一役買った孫三郎の動きを整理してみる。

倉敷電燈の設立

岡山県では一八九四年（明治二十七年）二月に岡山電燈が設立された。岡山と同様、倉敷にも電気が必要と考えた孫三郎は、まずは小規模ではあるが、倉敷電燈会社を一九〇九年十月に設立した。実際の社長のポストには、大原家の家業の一つであった呉服業を大原家から譲り受けていた岡田義平《おかだぎへい》が就任した。

この倉敷電燈の火力発電所によって、倉敷の町でも六百四十一灯の灯がはじめて点《とも》った。しかし、町なかに発電所が建てられたので、ほどなくして、騒音と振動による安眠妨害や家屋の破損を訴えての反対運動が巻き起こった。そのため、倉敷電燈は、振動や騒音を低減するために設備の改善などを行った。また、被害者には総額二千円の損害賠償を支払って事なきを得た。

一九一二年（大正元年）になると倉敷電燈は、倉敷近隣の早島、妹尾《せのお》地域を供給区域とする中国電気株式会社を合併し、今度は孫三郎が社長に就任した。これによって倉敷電燈は、岡山県の三十三の町村に電力を供給することとなった。社長となった孫三郎は、町なかにあった発電所を郊外に移転させた。

しかしその後、この発電所は任務を終了して休止することになる。「山陽道一の火力発電所」との称賛の言葉を得た倉敷紡績の倉敷発電所から、余剰電力を受けるようになったためである。

倉敷紡績倉敷発電所の設立

倉敷紡績では、一八九一年（明治二十四年）頃から自家発電で工場内に照明を点していたが、倉敷電燈が設立された頃には、工場の動力源としていた蒸気機関の劣化が顕著となり、効率の低下、故障、事故などが頻繁に起こるようになっていた。蒸気機関を廃止し、電化を選択する企業も出てきた頃であった。

倉敷紡績倉敷発電所の全景（倉敷紡績『回顧六十五年』より）

蒸気機関を修理するか、新たな動力である電力にチャレンジするかという岐路に立たされた倉敷紡績でも、自家発電所を増設する方針が打ち出された。倉敷電燈設立の二ヵ月後、一九〇九年末のことであった。

しかし、発電所の敷地が選定され、当局に認可が申請されると、近隣住民によって発電所設置反対の陳情書が当局に提出された。倉敷電燈の発電所が当初起こしていたような騒音や振動が危惧されたためであった。しかし、逓信局長の坂野《さかの》鉄次郎《てつじろう》（岡山市出身。一八七三―一九五二）の尽力もあって、設置の認可は無事に下された。この件以降、坂野は、電気事業関連での孫三郎の良きアドバイザー、パートナーとなっていった。

発電所設置に向けて倉敷紡績は、東京帝国大学工学部出身の技師である藤岡郊二《ふじおかこうじ》と武内潔真《たけうちきよみ》（一八八八―一九八二）を採用し、設備を三井《みつい》物産経由でドイツ、スイスの企業に発注した。倉敷紡績倉敷発電所の始業の前年、一九一四年（大正三年）には、逓信局長の坂野が二〇〇〇キロワットのこの火力発電所の建設現場の視察に訪れ、「関西以西第一の火力発電所」施設であると称賛したという。

このようにして自社の火力発電所を完成させた倉敷紡績は、各工場に変電所を建設し、発電所からの電力を各工場に供給した。後述するが、孫三郎は、倉敷電燈と津山電気を合併させて水力発電の備作《びさく》電気を設立した。これを受けて、倉敷紡績は備作電気と互恵契約を結んだ。どのような契約であったかというと、備作電気の久田《くた》水力発電所が完成した暁には、そこで発電される安価な電力を倉敷紡績に安定供給すること、いっぽうの倉敷紡績は、同社の倉敷発電所の設備を予備設備として備作電気に無償貸与すること、という内容であった。この互恵契約によって倉敷紡績倉敷発電所は発電の任務を終えた。

備作電気の設立

一九一三年（大正二年）六月の段階で、岡山県には、倉敷地域の倉敷電燈、津山地域の津山電気、井原《いばら》地域の井原電気など、十三の電力会社が存在していた。また、新見《にいみ》水力電気、浅口《あさくち》電気など六社が未開業、さらには三社がこの他に出願中という状況であった。これらの電力会社はどれも地域密着型で、電力供給エリアには棲《す》み分けがあった。

孫三郎は、倉敷発電所の建設現場を視察に訪れた坂野鉄次郎逓信局長と懇談したさいに水力発電についてのヒントを得、その後、導入を考えるようになっていた。水力発電のほうが発電コストが安いこと、発電コストが石炭価格に左右されないことなどは孫三郎にとって魅力的であった。

孫三郎は、近隣の町に設立されていた早島紡績の社長にも乞《こ》われて就任していたのだが、産業発展のためには、動力供給の問題が大きな懸案事項となっていた。倉敷紡績の倉敷発電所のみでは、倉敷紡績の各工場と倉敷電燈へまわす電力しか賄うことはできなかった。

大型の発電所を設けて動力源を確保する必要に迫られていた孫三郎は、山岳地帯で水力発電に適した岡山県北部の地勢に着目した。しかし、そこにはすでに津山電気が存在していた。そこで孫三郎は、火力発電の倉敷電燈と水力発電の津山電気の合併を考えたのであった。

坂野逓信局長が仲を取り持ったこともあって、倉敷電燈と津山電気との合併は成立した。両社はいったん解散し、一九一六年に新たに設立された備作電気の社長には、津山電気側の土居《どい》通憲《みちのり》が就任し、孫三郎は、平取締役（常務取締役一人、取締役は孫三郎の他五人）に納まった。

社内対立の頻発

備作電気は発足したものの、旧倉敷電燈と旧津山電気の間で、技術面でもまた経営面でも見解の相違が起こってきた。技術面における対立の最たるものとして、以下の事件が挙げられる。久田水力発電所の大規模工事において、工事の材料や手法をめぐる旧津山電気側と旧倉敷電燈側の意見対立が浮上したのであった。津山から備前方面への送電線については、旧倉敷電燈側が主張した電圧三万ボルト以下用ピン碍子《がいし》に決まった（津山電気側は六万ボルト以上用懸垂《けんすい》碍子を主張）。そのいっぽうで、導水管については、旧倉敷電燈側が主張する鉄管が排除され、旧津山電気側の鉄筋コンクリート管が採用された。

しかし、この鉄筋コンクリート管が問題となった。試運転を行ったところ、鉄筋コンクリートの導水管は水圧に耐え切れず、亀裂《きれつ》が生じてしまったのであった。鉄管への交換によって大損失とスケジュールの大幅な遅れが生じ、旧津山電気側の役員は引責退陣した。

これ以降、孫三郎が社長に就任し、孫三郎の理想にそった整備統合が動き出していった。孫三郎は、岡山を中心とした中国地域の電力事業の整備を進めていくという理想の実現には、逓信業界に精通した坂野の力が大きいと考えた。そのため、ほどなくして自らは常務に退き、相談役に就任していた坂野に社長を任せた。

中国水力電気から中国合同電気へ

その当時、岡山水電という会社があり、山陰・山陽地方の広域にわたって水利権を有していたが、このときは水力発電所を岡山県内に建設中でまだ営業は開始していなかった。孫三郎は、この岡山水電の桜内幸雄《さくらうちゆきお》社長（島根県出身で同社の大株主）の持っていた株すべてを買収し、備作電気が、岡山水電を合併した。備作電気と岡山水電のこの合併によって、一九二二年（大正十一年）に新たに中国水力電気が誕生し、坂野が引き続き中国水力電気の取締役社長に就任した。

その後も孫三郎は、経営難に陥った電力会社や合同を望む会社を併合し、業務を拡大していった。中国水力電気の電力供給地は、兵庫県の播備《ばんび》電力を合併したことによって、岡山県のみならず、兵庫県にまで及ぶようになった。資本金も増大し、電力供給区域も拡大していった中国水力電気は、電力供給の安定性確保などにも努め、中国地方での存在感は確固たるものとなった。

この頃、中国水力電気と供給基盤が競合する企業の一つに姫路《ひめじ》水力電気があった。孫三郎は、中国水力電気が姫路水力電気と有利に合併できるように模索した。一九二五年五月になって、相互に補完、補強するための業務提携が両社の間で結ばれた。そして孫三郎は、その年末に、姫路水力電気の経営に一族で携わっていた牛尾《うしお》梅吉《うめきち》社長を自邸に招待して、合併の話を持ちかけた。両者は合併に合意し、一九二六年三月に中国合同電気が設立された。この新会社の社長には中国水力電気の坂野が、副社長には姫路水力電気の牛尾がそれぞれ就任し、孫三郎は取締役に就いた。

電力業界からの引退

その後、中国合同電気は岡山県内だけではなく、鳥取県内の会社も合併していったが、孫三郎はやがて電力業界からの引退を決意するようになった。

近江銀行の平取締役だった孫三郎が取り付け騒動に遭い、大阪の別邸の不動産と中国合同電気の株式（三十一万三千七百三十円）を一九二八年（昭和三年）に提供したことは前述したが、その後、倉敷紡績も恐慌の影響を受けて経営難に見舞われた。このとき孫三郎は、電力業界から引退して、紡績、銀行業に集中することを考えるようになったのであった。

一九二八年六月、孫三郎は中国合同電気の取締役からの引退を表明し、定時株主総会で正式に辞任となった。この孫三郎の引退に伴って、孫三郎に近い役員六人も退任した。

中国電力の成立

引退するにさいして、孫三郎にはまだ気がかりなことが一つ残っていた。中国合同電気と広島県の山陽中央水力電気の合併であった。

両社の合併への期待を込めて、孫三郎は中国合同電気の三〇%弱の持株を山陽中央水力電気の速水《はやみ》太郎《たろう》社長に譲渡し、電力業界から引退した。しかし、中国合同電気と山陽中央水力電気の合併は進まず、孫三郎の願いは容易には叶《かな》わなかった。

中国合同電気と山陽中央水力電気がようやく合併したのは、孫三郎の引退から十三年を経た一九四一年（昭和十六年）五月のことであった。両社の合併によって山陽配電が誕生した。そして、その翌年には、山陽配電、広島電気、出雲《いずも》電気、山口県電気局の四社が合同して中国配電が設立された。この中国配電は、第二次世界大戦後の一九五一年に日本発送電と合併して、現在の中国電力となったのであった。

このように見てくると、産業振興に必須の両輪であると考えた金融ともう一方（電力事業）の基盤づくりについても孫三郎は常に大きな役割を果たしてきたことがわかる。中国地方の電力業界の大まかな整備が遂げられるまで、孫三郎は常に地域の産業インフラの基盤づくりを積極的にリードしてきたのであった。

三　新聞――『山陽新聞』

『中国民報』の継承

中国民報社は、鉱山事業（倉敷の帯江《おびえ》銅山）などを手がけて財をなした坂本金弥《さかもときんや》（一八六五―一九二三）が一八九二年（明治二十五年）に設立した新聞社である。岡山出身の坂本は、孫三郎の借金問題の整理中に東京で急逝した孫三郎の義兄、原邦三郎の閑谷黌の同窓生で、同志社で学んだ後に実業界に身を投じていた。中江兆民《なかえちょうみん》（一八四七―一九〇一）の影響も受けた坂本は、また、代議士となって政治の世界でも活躍し、犬養毅《いぬかいつよし》（一八五五―一九三二）や秋山定輔《あきやまさだすけ》（一八六八―一九五〇）などと協力して、孫文《そんぶん》（一八六六―一九二五）たちの中国革命同盟会に援助も行った。

しかし坂本の事業は、日露戦争後の反動不況の襲来によって、経営難に直面した。政治活動にも大金を費やしていたため、坂本の事業は次々に人手に渡った。孫三郎が倉敷紡績の積極的拡大政策の下に買収した吉備紡績も坂本が経営を行っていたものである。帯江銅山も桂太郎《かつらたろう》（一八四七―一九一三）の斡旋によって藤田《ふじた》組に一九一三年（大正二年）に譲渡された。

この年、坂本は国民党から立憲同志会入りすることを決断し、孫三郎に中国民報社を引き継いでほしい旨を依頼した。話し合いが持たれた結果、譲渡は成立し、その年の三月十五日に中国民報社の経営者変更が発表された。

新聞事業を引き受けた背景

では、なぜ、孫三郎は新聞事業を引き受けることにしたのだろうか。当時の岡山県では、『山陽新報』（西尾《にしお》吉太郎《きちたろう》〔一八五八―一九三〇〕が一八七九年〔明治十二年〕一月に創刊）と『中国民報』が対立していた。『山陽新報』に対しては、孫三郎の事業にことごとく反対する大橋[3]家が支援を行っており、倉敷紡績の腸チフス事件や道路の拡張整備問題（第四章でふれるが、倉敷の道路用地に大橋家の土地が含まれていたさいの買収問題）、倉敷紡績の新工場建設敷地問題（第二章でふれた万寿工場を新設するための敷地買収問題）など、事あるごとに孫三郎や大原家を容赦なく責めたてる論陣をはった。このような経験を通じて孫三郎は、新聞の影響力の大きさと重要性を痛感し、反論する手立てを模索していたと思われる。それを否定することはできないだろう。

しかし、孫三郎は、そのような視点でのみ新聞をとらえていたわけではなかった。孫三郎は閑谷黌時代から徳富蘇峰の『国民新聞』や『平民新聞』を好んで読んでいた。単に愛読していただけではなく、『信濃《しなの》毎日新聞』に掲載された日曜講演というアイディアを石井十次から教えられたさいには、自らも講演会を実施するなど、新聞から革新的な思想やアイディアなどを吸収していた。つまり、孫三郎には青年期から、新聞に強い関心があったのである。そのことが中国民報社を引き継いだ主な理由だと秘書の柿原政一郎は指摘していた。

大隈重信との縁を持つ原澄治が社長に

中国民報社の社長には、孫三郎を支えつづけた分家の原澄治《はらすみじ》(4)が就任した。澄治は、岡山中学から京都の第三高等学校に進んだが、病気療養のために中途退学を余儀なくされ、回復の後に東京専門学校に入学し、英語政治科を卒業した。

澄治は、東京専門学校在学中には大隈重信についての論文を書くなど、大隈を崇拝する気持ちが強かった。卒業後も大隈との縁は続き、中外商業新報社（現日本経済新聞社）の記者となった澄治は、大隈を取材した経験も有していたという。経済部長まで務めた澄治は、一九〇九年（明治四十二年）に倉敷に呼び戻された。そして、大原家と縁続きの原家へ養子に入ったのであった（孫三郎の姪《めい》、長《ちょう》と結婚）。

中国民報社の社長に就任した澄治は、上京して早稲田大学の浮田和民《うきたかずたみ》（一八五九―一九四六。日本のプロテスタントキリスト教の三源流の一つといわれる熊本バンドの一員で同志社の初代卒業生）を訪問し、中国民報社の客員を委嘱するとともに、地方新聞の今後の動向についての考えを求めた。さらには、高田早苗（一八六〇―一九三八。大隈重信たちと東京専門学校設立に関《かか》わり、同校が早稲田大学と改称後には同大学の初代学長、後に総長を、さらには文部大臣も務めた）と田中《たなか》穂積《ほづみ》（一八七八―一九四四。新聞記者勤めの後、早稲田大学で教え、総長も務めた）にも面会し、両人の推薦によって、早稲田大学出身の菊地茂《きくちしげる》を主筆に迎えた。また、澄治は、徳富蘇峰も訪問して、新聞事業がうまくいくためのアドバイスや応援も依頼した。

新聞記者志望だった柿原政一郎の参加

中国民報社を引き受けた翌年、かつて石井十次の推薦によって孫三郎の秘書を務めていた柿原政一郎が、宮崎から岡山へ戻ってきた。柿原は、十次の岡山孤児院の宮崎での仕事を手伝っていたが、十次亡き後、岡山孤児院岡山本部の主任となるべく岡山に戻ってきたのであった。

東京帝国大学在学中には、新聞記者として労働問題、社会問題に従事していこうとの希望を有していた柿原に対して、孫三郎は、望んでいた新聞の仕事も今後は手伝うようにと持ちかけ、柿原は、中国民報社の県政記者として活動することになった。

こうして、中国民報社の二代目社長には柿原政一郎が就任した。さらに、その柿原の後継には、柿原と同様に孫三郎の秘書を務めた大森実が就いた。

山陽中国合同新聞社

岡山県には、中国民報社の設立に先立って、『山陽新報』が一八七九年（明治十二年）に発刊されていたことは前述した。『山陽新報』と『中国民報』の競争は激しく、両社ともに経営は難しい状況だった。

山陽新報社は、資本金五万円の匿名組合[5]であったが、関係していた大橋家の負債整理が行われた結果、山陽新報社の経営権は、一九三四年（昭和九年）六月に中国銀行に移った。これによって山陽新報社は株式会社となった。また、中国民報社と同資本の系列会社になったわけである。

無益な競争を回避するために、山陽新報社と中国民報社の合併話が持ち上がった。こうして、両社は一九三六年十二月に合併して山陽中国合同新聞社が設立され、新たに『山陽中国合同新聞』が発行された（翌年には『合同新聞』と改題）。

その後、創刊七十周年の一九四八年になって、社名が「山陽新聞社」に、紙名も『山陽新聞』に改められ、岡山県の県紙として現在に至っている。

孫三郎の新聞観――金は出すが口は出さず

孫三郎は、新聞社経営にも多大の資金を提供したが、後章で述べる学術研究所の場合と同様、報道内容や経営面には一切口を出さなかった。孫三郎は、社員全員に対して、「県下の産業振興を勧奨すること、都会と農村とに起こりきたれる社会問題を究明すること、社会教育を指導すること」が新聞事業の役割であると自分の信念を語っていた。

編集方針については、社会教育主義を使命とするように、とだけ伝えたというが、それと同時に孫三郎が重視したものは、正義であった。一党一派に偏執する、公平な立場を貫かない、個人攻撃に終始するなどは、それまでの岡山の新聞に対して孫三郎が身をもって抱いていた危惧であり、そのような状況を打破しようとの思いも、中国民報社を引き受けた一因であった。「不偏不党専ら正義を旗印として中国言論界の権威たらん」ということが、新聞経営にかけた孫三郎の思いであった。

第四章　地域社会の改良整備——市民の生活レベル向上のために

一　地域のために

「倉敷に執着し過ぎた」

孫三郎は晩年、「自分は倉敷という土地にあまり執着し過ぎた、倉敷という土地から早く離れて中央に出ていたら、もっと仕事ができていたはずだ。お前も、あまり地方のことに深入りすると、仕事の邪魔になるぞ」と、總一郎によく言っていた。事業や経済性のことだけを考えれば、大都市に進出したほうが規模を拡大でき、全国的な知名度も上がっていたのかもしれない。明治以降に財閥を築いたような企業経営者は、富山県富山市出身の安田善次郎《やすだぜんじろう》（一八三八―一九二一）や新潟県新発田《しばた》市出身の大倉喜八郎《おおくらきはちろう》（一八三七―一九二八）、福岡県久留米《くるめ》市出身の石橋正二郎《いしばししょうじろう》（一八八九―一九七六）などのように、自分の故郷よりも、大都市での活動に比

岡山の特産品のマツタケ狩り中の孫三郎（一般財団法人有隣会提供）

重を置いていたケースが圧倒的に多い。このような大経営者に比べると、孫三郎は最後まで倉敷に軸足を置きつづけた。本章では孫三郎が倉敷の地域のために展開した活動に目を向けながら、その思いにふれ、理由をさぐることにする。

「倉敷を東洋の『エルサレム』に」

孫三郎は、一九〇二年（明治三十五年）十一月二十七日の日記に、「余はこの倉敷は東洋の『エルサレム』たるべきであると信ず。否《いな》『エルサレム』たらしむるのが余の聖職である。依って余は倉敷を聖倉敷たらしめんと決心す」と記していた。

エルサレムは、宗教（ユダヤ教、キリスト教、イスラム教）の聖地、祈りの場（いっぽうで常に争いが起こる場でもあるが）、人間の罪の贖《あがな》いとしてイエス・キリストが自ら十字架にかかり、そして復活して弟子たちと再会した場、その弟子たちがイエスの活動を継承して神の国を建設するための救済活動を展開したさいの本拠地とした場でもあった。孫三郎は、最低でも新約聖書を三回、旧約聖書を一回、通読していたのだが、このようなエルサレムにならって神の国を倉敷に実現しようと考えたと思われる。

そして、この決意を実行に移すプロセスとして、まず最初に倉敷の教育を高めることに尽力する、次に高めた教育によって倉敷の道徳や意識などの精神的側面を改良する（つまり、教育によって成熟した市民社会をつくろうとしたと表現することもできよう）、そして最終的には倉敷からの影響を日本全国、さらには世界に及ぼす、という三段階を孫三郎は想定した。

なお、孫三郎は、教育を最も重視したが、同時に、衣食足りて礼節を知るという諺《ことわざ》があるように、物質的な生活条件を高めることにも尽力した。

二　倉敷地域のインフラ整備

それでは、地域のため、地域の民衆のためという視点を強く有していた孫三郎が、よりよき町、倉敷を目指して行った代表的な活動の概略を、インフラ整備（主に物質的な側面）を中心にして時系列で整理してみると次のようになる。

①電話の設置

民間で電話がはじめて開通したのは、一八九〇年（明治二十三年）の東京・横浜市内間のことであった。その三年後には大阪市と神戸市内でも開通した。岡山では一九〇三年に開通していた。日露戦争後には加入希望者が激増したが、予算の目処《めど》がつかず、希望に追いつかなかった。このようなとき、倉敷共和会会長を務めていた孫三郎は、加入者が一切の設備費用を負担すれば小都市にも電話局を設置することができるということを知り、電話設置運動を展開した。これによって、孫三郎の資金負担で、岡山に続いて倉敷にも一九〇七年にようやく電話局が開設された。

②軍師団の一個連隊誘致への反対

一九〇七年（明治四十年）に陸軍第十七師団の岡山への設置が決まった。日露戦争後には兵力増強のために、十六であった師団を十九に増設することが決定された。師団や連隊（師団は独立して作戦する戦略単位。師団以下の序列は、連隊、大隊、中隊、小隊、分隊となる）などの誘致運動は至るところで行われていた（たとえば、甲府や大分、松江、三島《みしま》、水戸、盛岡など）。運動委員を選出し、地元出身の代議士や名士の協力を得ながら陸軍省や参謀本部へ熱心に働きかけ、他の地域より勝っている点をアピールした。かつての宿場町の活気を取り戻そうとした静岡県三島の例や、寂れつつあった旧城下町の活性化を狙った新潟県高田の例がある。

倉敷でも町を活性化させるためだとして、第十七師団の一個連隊（通常は大隊二個―四個ほどが一個連隊）を誘致する案が浮上した。しかし、軍の施設が建設され、軍人が常駐することになると、様々な需要は生まれるが、それに伴って町の風紀が乱れることを孫三郎は危惧した。孫三郎を中心とした強力な反対運動によって連隊の倉敷設置は見送られた。

③発電所の公害問題

すでに述べたように、町の中心部にあった倉敷電燈株式会社の火力発電所の騒音や振動に対して苦情が寄せられた。孫三郎は、同社の社長として、この公害問題に対応すべく、一九一二年に発電所を市街地南方の郊外に移転させた。

④伯備線の誘致

山陰地域と山陽地域を結ぶ伯備《はくび》線の新設が政府の閣議に上がったさい、岡山県側の起点駅をどこにするかが懸案事項となった。岡山駅起点か、庭瀬《にわせ》駅分岐か、倉敷駅起点か、などをめぐって誘致合戦も起こった。倉敷同志会（商工会議所の前身）の顧問を務めていた孫三郎は、この問題は倉敷の将来や発展を左右しかねない大問題であると考えていた。また、鳥取県側だけ開通しているのは、起点問題に決着がつかないからだと孫三郎は推察した。岡山県は犬養毅率いる国民党が勢力を有していたが、中央政治では万年野党であったため、岡山の利益に結びつかないという不満も地元ではくすぶっていた。そこで孫三郎は、内務大臣兼鉄道院総裁の床次《とこなみ》竹二郎《たけじろう》（一八六六－一九三五。政友会）に倉敷を起点にするようにと働きかけた。孫三郎が床次に会うのは大原社会問題研究所の設立申請のときに続いて二度目のことであったが、幸いにも孫三郎の直談判《じかだんぱん》は功を奏した。伯備線の起点は倉敷となり、倉敷と宍粟《しさわ》間の伯備南線が一九二五年（大正十四年）に開業した。

⑤宅地開発

町内の有力者とともに孫三郎は、一九一九年（大正八年）、倉敷住宅土地株式会社を設立し、倉敷町の商工業の発展、宅地開発のため、大々的な都市計画を遂行した。この会社は、田地や宅地を購入した上で、商業地や住宅地を開発、分譲した（これらの分譲地には、倉敷キリスト教会堂、倉敷税務署などがその後、建設された）。この他にも、倉敷を訪れる人たちに適した旅館がなかったため、旅館も建設した。また、孫三郎は、小学校校舎の新築、女学校、商業学校の移転改築、上水道敷設などの町の事業にも協力を惜しまなかったので、一九二四年に、内閣から都市計画岡山地方委員会委員に任命された。この委員会は、都市計画業務を担当した内務省の出先機関で、都市計画法が適用された市の道府県に設けられ、各地の都市計画の指導や決定を行った。

⑥橋やトンネルの普請

一九二六年（大正十五年）五月に当時の皇太子（後の昭和天皇）が倉敷町を巡啓することになった。そのため、倉敷町では、橋やトンネルの改修問題が浮上した。倉敷町は、大原邸前の今《いま》橋《はし》の改築費として、千八百四十円の予算を決議し、その後の善処と援助を孫三郎に求めた。孫三郎は、架け替え工事一切を引き受け、最終的には予算を大きく上回る約一万六千円で今橋を竣工させた。今も大原邸と大原美術館を結んでいる今橋はそのときに架けられたものである。

工事中の今橋（1926年3月着工、5月10日完工）（上田恭嗣『薬師寺主計——アール・デコの建築家』より）

また、このとき、現在の美観地区に続く道と倉敷東小学校への道を結ぶ長さ一〇五メートルの鶴形山《つるがたやま》トンネルが建設された。孫三郎はこのトンネル工事の費用七万円のうち、五万円を負担した。

⑦道路づくり

その他にも、孫三郎は、道路用地を買収して倉敷町に寄付するなど、道路づくりも支援した。広い道路網が整備された結果、現在の倉敷中心部の主要な道路が出来上がった。

今橋に立つ壮年期の孫三郎。後方はこの後に重要文化財となった大原家（本邸）（一般財団法人有隣会提供）

市民が利用する施設の構想

孫三郎の一九〇三年（明治三十六年）一月二十四日の日記には、倉敷の民衆のための公会堂、図書館、公衆運動場の設置計画が記されていた。それらは次のようなものであった。


「位置　倉敷停車場附近」

「敷地　千五百坪」「公会堂　百二十坪　八間×十五間　外に二十坪　付属家」

「図書館　図書館設立は人物吸収の良法なり。それには先《ま》ず第一に図書を蒐集しなければならない」

「公衆運動場」


また、一九二一年（大正十年）一月には、労働会館、簡易図書館を創設することを孫三郎は考えていた。これらの構想を可能な限り早期に実現しようと孫三郎は機会あるごとに努めたが、簡単には事は運ばず、実現はしなかった。そのため一九二二年十二月に、公会堂設立の代わりとして、現在の大原美術館と新渓園《しんけいえん》のある土地（約二千坪）と建物（五棟約百五十坪）を現金一万円とともに、倉敷町に寄付した。ただ、図書館に関しては、倉紡《くらぼう》図書館が一九二一年に倉敷紡績本店内に設立された。ここには工場や本店に置かれていた多数の一般図書、工業図書、海外で購入した貴重文庫（ゲッチンゲン文庫、フェルボルン文庫）など、繊維工業、医学、農学関係の書籍が収められた。

孫三郎は前述したような物質的なインフラ整備のみならず、このような公共サービスの充実にも心を砕いていた。そこで、次に、病院建設という物質的なインフラ充実の側面と公共サービスの充実やソフト面の改良という意味合いも強く持っていた倉紡中央病院の設立についてふれることにしよう。

三　倉紡中央病院の設立

病院設立の理由

倉敷工場、万寿工場、玉島工場を有するようになった倉敷紡績では、従業員やその家族の人数が膨らみ、各工場に設置されていたそれまでの診療所だけでは診療に万全を期すことが難しくなってきた。

孫三郎は、倉敷紡績の従業員のために医療体制を充実させねばならないという責任感から、病院を設立することを決心した。孫三郎は「従来倉紡には各工場に医局を設けていますが、未《いま》だ従業員の健康を保証するに足るものであるとは申されず、現在の社会情勢から申しましても、より完全な施設を造り、従業員の健康上に遺憾なきを期することは、会社経営者として当然の義務と考えたのであります」と語っていた。

一般市民に開放

孫三郎は、この新しく設置する病院を、単に従業員とその家族のためのものとしてだけでなく、地域住民も受診できるようなものにしようと考えた。倉敷紡績は倉敷の地で誕生し、発達することができたので、倉敷と倉敷の人々に何かしら報いる必要があると考えていたのである。社会に開かれとけこむ、会社・工場・社員としていくためにも、この機会をとらえて病院を一般市民に開放しようと孫三郎は決心した。孫三郎は、「将来工場を社会化させるという意味もあり、殊に紡績職工といえば社会からまだ異様な目で見られている現在において、わが社が職工を人として平等の人格を認めて待遇していることを示す一事実と致しまして、ここに開放された病院において一般人と同じく平等な取扱いを為すことは、可成《かな》り意義あることであると信じます」と語っていた。当時の工場労働者の社会的地位は必ずしも高くなく、『職工』というと何となく厭《いや》な感じがするのだ。(中略)卑屈な意味や侮蔑《ぶべつ》的な観念が直《す》ぐに頭へ浮ぶのが、当時の社会通念であった」[1]という。鐘淵紡績の経営者、武藤山治も敬意をもって女子工員を「女工さん」と呼ぶように工場内で指導していたが、孫三郎や武藤の言葉には、このような背景があったのである。

病院を一般市民に開放した三つ目の理由は、石井十次の岡山孤児院への支援を通じて以前から考えるようになっていた困窮と病気の関係であった。震災などの自然災害を除くと、孤児たちが社会に生じる原因は、困窮にあった。しかし、さらに突き詰めれば、困窮による病気に原因があると孫三郎は痛感していた。

困窮と結びつく悪習慣や乱れた生活、あるいは不充分な栄養状態や労働環境によって親たちが病気にかかる、病気にかかっても良い治療を受けることはできない、そのため病気が治らない、あるいは死亡してしまう、そうなると子供は孤児になるしかないという悪循環のケースが多いことに孫三郎は気づいた。

そこで、そのような悪循環を断ち切って、社会の問題を事前に（発生する前に）解決するためには病気をなくす、治療する、ということが大きな課題だと孫三郎は考えるようになっていたのであった。一つの方策として、困窮している人も理想的な治療を受けることができる病院が必須だと孫三郎は考えていた。

このような長年の考えに基づいて、倉敷紡績の社員以外にも病院を開放する決断をしたのであった。後述するが、公益を主目的とする財団法人となるさいには、低所得者は安い費用で治療を受けられる軽費診療制度も導入されることになった。

病院を一般市民に開放しようと孫三郎が考えた理由は、さらにもう一つある。孫三郎は、第一次世界大戦後の一九一八年（大正七年）に悪性感冒（スペイン風邪、今でいうインフルエンザ）が大流行したさい、多数の庶民が充分な治療を受けられずに死亡してしまったことを知った。孫三郎は、周辺地域の庶民が適切な診療を適切な価格で受けられるような病院を創設しようと決心したのであった。

東洋一の病院を

倉敷日曜講演（後述）を通じて、孫三郎は京都帝国大学などの専門家と交流を持つようになっていた。そこで、孫三郎は、病院設立についてのアドバイスを京都帝国大学総長の荒木寅三郎医学博士と同医学部の島薗順次郎《しまぞのじゅんじろう》医学博士に求めた。

すると、両博士は、それまでの日本には、慈善病院や研究病院（大学附属病院など）はあるが、研究第一主義ではなく、一般市民の患者のための治療を第一とする理想的な病院は少ないというアドバイスを孫三郎に与えた。

それまでの慈善病院の多くは理想的な治療を施す病院とはいいがたかったようである。たとえば、現在の三井記念病院の源流で、「汎《ひろ》ク貧困ナル者ノ為メ施療ヲ為スヲ目的」とした三井慈善病院は、一九〇九年（明治四十二年）に開院したが、その開院式で三井家同族会議長の三井八郎右衛門《はちろうえもん》は「収容される患者の定員は一二五床とし、これ以外に日に二百人の患者を無料で診察し、治療も行います」と語っていた。「治療も」と付け加えているのであった。真に患者の立場にたって、完全な加療を目指す機関は決して多くなかったようである。貧困者の施療を目的としたこの病院では、無料で東京帝国大学医学部の高度な医療が受けられるため、故意にボロ服を着た来院者も多く見られたということである。つまり、貧困者だけでなく、貧困者よりも家計的に多少は余裕のある一般市民も、理想的な治療を受診することができる病院は少なかったということがいえよう。

そこで孫三郎は、両博士の見解に基づいて、以下のようなコンセプトで病院を創設することにした。東洋一の理想的な病院、治療第一の病院、そして「病院くさくない明るい病院」である。「病院くさくない明るい病院」とは、長い療養経験を有していた孫三郎のことであるから、自己の体験にも基づいた考えであったと想像できる。それは、壁や天井の色を無機質な白一色ではなく暖かみを持たせる、柱などに丸みを持たせる、採光に注意を払うという形で実現された。また、孫三郎は、病院の根本方針をより具体的な表現で打ち出した。①研究のみを主眼としない、②慈善救済に偏しない、③看護体制を充実させる、すなわち、充分な人数の看護婦を配置して付き添いを全廃する、④どの患者に関しても懇切で完全なる平等無差別の取り扱いをする、病室に等級を設けない、寝具やその他の備品もすべて備え付ける、⑤院内従業員に対する心付けや謝礼、贈り物などを一切厳禁とする。これらの根本方針を孫三郎は徹底させようとした。現代になっても「完全看護制」を前面に掲げる病院が多いことからも、③が歴史的に長い間、実現されてこなかったことがうかがえよう。また、身分制の名残もあったであろうし、経済社会的な格差も大きかった当時、④の点が徹底されていた病院は少なかったと思われる。

これらの方針を表明した孫三郎は、医療や施療についての意識革命を意図していたのではないだろうか。弱い立場にある人々の身になって考えることが必要である、また、他者も自分と同じ人間、平等な人間であり、自分の快楽や都合のために他者を踏みつけてはいけない、という孫三郎の信念の発信にほかならなかった。

このような孫三郎の病院についての基本方針が、その後の日本の病院に与えた明確な影響については、現在のところ推定することしかできないが、たとえば、オランダのレーベン教授式の喘息《ぜんそく》治療法を倉敷中央病院が採り入れて設備も整えたこと（一九三〇年〔昭和五年〕）が全国に広まったと伝えられていることなどを考慮すると、新しい病院のあり方の一つとして、注目されていたのではないかと考えられる。

最善を目指す

相談を受けた京都帝国大学の荒木、島薗は、三重県津市の病院で院長を務めていた辻緑《つじみどり》医学博士を紹介し、辻はやがて倉敷紡績に入社することになった。さらには、徳岡英医学博士、波多腰正雄医学博士も辻に続いた。これらの医学博士は、全国をまわって有名な病院の設備など

孫三郎の指示で設置した倉敷中央病院内の温室（筆者撮影）

を視察し、病院の青写真を練った。

孫三郎もまた、設計にさいして、壁や建具、家具の色合いなどまで、細かな指図と点検を行った。北京のロックフェラー病院（現在の北京協和医院）に匹敵するような東洋一の病院、そして、病院くさくない明るい病院にする、という孫三郎の意向によって、木々や噴水を擁する明るく広い温室が病院の一階に設けられた。また、倉敷ではじめてのエレベーターも二ヵ所に設置された（その後の増築のさいもこのエレベーターはそのまま残され、現在は電話ボックスとして外来増築棟の一階で使われている）。

人材面でも、荒木博士の協力などを得て充実が図られた。また、欧州から最新医療機器や医学書も購入され、施療体制が整えられた。

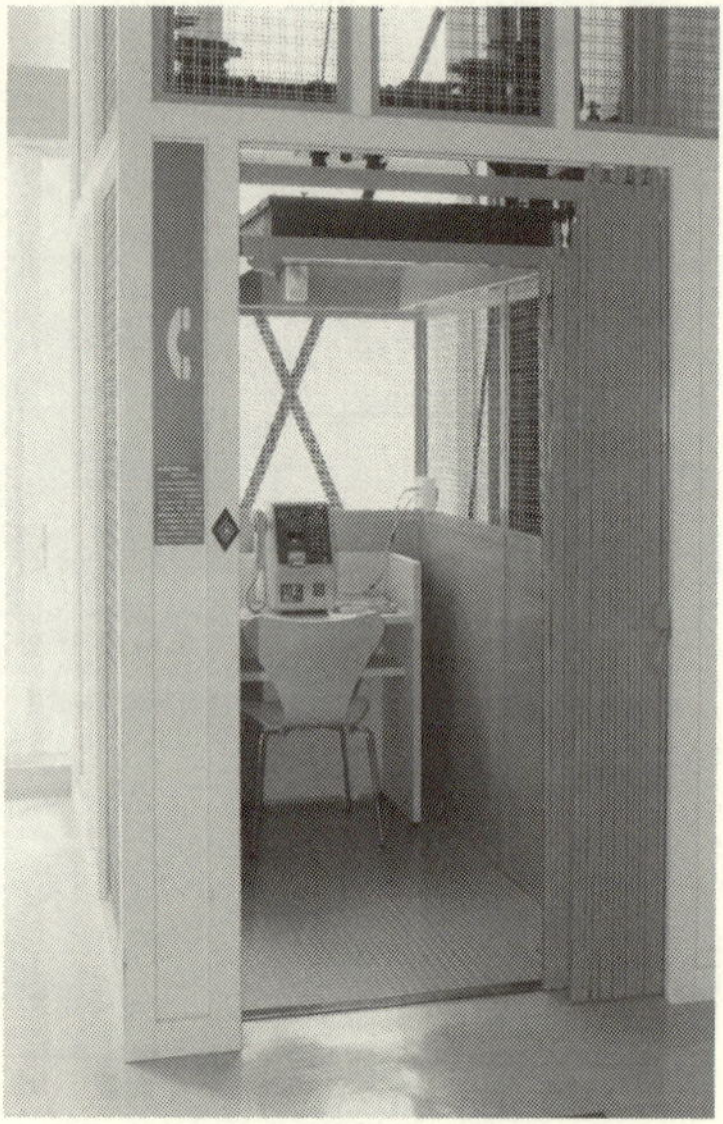

開院時から設置されたエレベーター。現在は電話ボックスとして利用されている（倉敷中央病院提供）

大幅な予算超過

倉紡中央病院の新設に対しては、岡山県医師会が、近隣の開業医への影響を懸念して反対を唱えたため、岡山県は、各科の施設を完備した総合病院ならば認可するという見解を示した。孫三郎は、工場付属の医局や診療所よりも理想的な病院をつくろうと確かに考えてはいたが、各科の施設完備という、そこまで大規模なものは当初は想定していなかったはずである。

そのため、病院建設のための当初の予算は十五万円であったが、最終的な総事業費は、予算の十倍を超える百五十万から二百万円にものぼった。大型の総合病院の建設へと変更を余儀なくされ、予算を大幅に超過せざるを得なくなったが、孫三郎は病院建設に関しても初志を貫徹した。

倉紡中央病院は、病床数八十三床でスタートした。一九二三年（大正十二年）六月二日の開院式には、暴漢に襲撃された板垣退助《いたがきたいすけ》（一八三七－一九一九）を治療した医師であり、官僚、

創立当時の倉紡中央病院の全景（倉敷中央病院『倉敷中央病院75周年記念誌』より）

政治家でもあった子爵の後藤新平《ごとうしんぺい》（一八五七―一九二九）、軍医制度を確立した医師で子爵の石黒忠悳《いしぐろただのり》（一八四五―一九四一）、岡山県知事の長延連《ちょうえんれん》（一八八一―一九四四）、香川県知事の佐々《ささ》木《き》秀司《ひでじ》、京都帝国大学総長の荒木寅三郎、京都帝国大学教授の島薗順次郎をはじめとする多くの来賓が出席した。このとき後藤新平は、「天地皆春」（天地のすべてが春になったという祝いの言葉）と揮毫《きごう》した。この額は現在、倉敷中央病院の大原記念ホールに飾られている。

財団法人倉敷中央病院の誕生

その後、紡績業も不況のあおりを受けた。関東大震災後には不況がより深刻となり、資本金千二百万円の会社が、毎年数万円の経費を病院運営のために補助することが大きな負担になると、「理想に走りすぎた放漫政策の結果である」と非難する株主も出てきた。

そのとき孫三郎は、「この病院が仮に年々五万円ずつ損をしても、それは決して無駄に消えるのではなく必ず戻って来る。

私が中央病院を造ったがために年々倉紡は損失だけするように見えるが、それは廻り廻って倉敷の経済に利益をもたらし、倉敷の資本経済への好影響は更に倉紡に対して増大して帰って来ると思う。万一それは算盤や数字の上に現われないとしても、倉紡がこれによって数字を超えて更に大きく恵まれるという確信を自分は持っているものである」という考えを示していた。

孫三郎は、決して経済人としての合理性を放棄していたわけではなかった。目先の損得や短期的な視点ではなく、長期的視点で利益や合理性を追求しようとしていたのであった。

当初、入院料は一律、一日当たり二円五十銭だった。しかし、倉敷紡績の社員と家族の場合は、倉紡共済組合から八十銭、会社から一円三十銭の補助が出されたため、本人負担は四十銭のみだった（ただし、月給百円以上の家族に対しては会社補助はなし）。だが、その後の事業不振により欠損が計上された頃には、倉敷紡績でも経費の節約、整理という緊縮方針を採らざるを得なくなった。そのため、会社の補助は廃止され、患者数も減少した。

前述したような財政事情もあって倉敷紡績は、倉紡中央病院の開院から四年後の一九二七年（昭和二年）に病院への支援を打ち切り、病院の経営を独立会計へと転換させた。これを契機に、関係者以外は利用できないという誤解を払拭《ふっしょく》するために、企業名を病院名からはずすことにし、倉紡中央病院は倉敷中央病院と改称された。

その後、倉敷紡績で合理化策が遂行されるなか、医療という特殊性（非営利性など）を考慮して、倉敷中央病院を財団法人にして、倉敷紡績から完全に分離独立させることが決定された。

病院が独立採算制となった後も資産は倉敷紡績のものであった。それらの資産すべて（土地建物、医療機器など総額百二十万円）を倉敷紡績は償却し、財団法人倉敷中央病院はそれらの資産をもって名実ともに独立した事業体として、一九三四年にスタートを切った。なお、財団法人化の申請にさいして、中央病院は公益性の充実を図るためもあって、救療（慈善救済的な施療）や軽費診療を行うことも事業目的に加えた。

開院十周年の言葉

創立十周年の記念講演会で孫三郎は、医局員に「中央病院の関係者はどうか経験に誤られることなく、常に絶えず進歩する人でありたいと思う。経済界は依然として不況であり、前途は相変わらず暗澹《あんたん》としているが、どうか関係者全員一致協力して、立派にこの難局を切り抜けて、美事《みごと》なる成績を挙げ、社会に貢献したいものである」と語っていた。この訓示は、不況のなかで大変な思いをしていた孫三郎が自らに言い聞かせていたものだったのかもしれない。

実際に、開院から十年の間に中央病院が残した足跡は大きく、孫三郎も満足していたことが開院十周年を祝う機関誌の文章からわかる。「この土地にこの病院が出来ていたために危い一命を取り留めることができた人も相当沢山あるとおもう。また、この病院の内容が医療界に与えた影響もかなり力強いものがあったと確信します。その研究室から多数の新博士が生れ、養成所から多くの優秀な看護婦や産婆の出身者を出したことも誠に喜ばしい結果である。（中略）

倉敷中央病院に置かれている大型水槽の１つ（筆者撮影）

過去十年の間にこの病院の関係者諸君が、よく奮闘努力されて、常に医学界の進歩に先駆されましたことは真に愉快に存ずるのであります」。

現在の倉敷中央病院

財団法人倉敷中央病院は、現在、岡山県の中核的な医療機関の一つとして、大学病院と肩を並べる規模の病床数を有し、地域に医療を提供しつづけている。病院内を歩けば、熱帯魚が泳ぐきれいな水槽や絵画、コーヒーショップ前の広いスペースのテラス、ホール、ケーキや土産物も取り扱っている大きなショップがある。ある日の午前中に病院の内部をまわって見たさいには、至るところで何かを食べている多くの診療待ちの患者や見舞客と思われる人々に出会った。病院で物を食べることはそれほど一般的ではないだろう。憩いの場所などがいろいろと設けられていることも大きな理由だと思うが、それ以外にも開放的な雰囲気が影響していると考えられる。きわめてユニークな病院という印象を持つ。

また、医療技術の面でも、他の病院と比較して、見劣りすることのない実績を挙げている。二〇〇一年に台湾の李登輝《りとうき》元総統が、治療のためだけということで紆余曲折《うよきょくせつ》を経て来日したさいに、心臓病治療のためのステントのメンテナンスを受けた病院が倉敷中央病院であったことを知っている人もいるかもしれない。また、研修医の間の認知度は高く、「大原孫三郎のことは知らないが、倉敷中央病院は全国でもたいへん有名な病院なので知っている。全国から情熱のある研修医が集まり、民間病院でありながら最先端医療や救急医療を積極的に行っている」という医師の声も耳にしたことがある。

四　倉敷日曜講演

徳富蘇峰、山路愛山、石井十次にヒントを得て

次に、倉敷中央病院よりも時代はさかのぼるが、地域のため、地域の民衆のためという視点を強く有していた孫三郎が、よりよき町、倉敷を目指して行ったソフト面での活動例について詳述する。

「余の使命は教育にあり」と認識していた孫三郎は、倉敷商業高校の源流となった私立の商業補習学校なども設立したが、地域全体の民衆の知的、精神的なレベルアップ、ひいては生活レベルを向上させるために、倉敷日曜講演を一九〇二年（明治三十五年）十二月から開催した。

この倉敷日曜講演は、徳富蘇峰の書籍や山路《やまじ》愛山《あいざん》（一八六四－一九一七）の新聞投稿にヒントを得て始まったものである。

蘇峰は、平民主義を唱えて多くの「明治の新青年」に影響を与えたが、孫三郎もその一人であった。欧米の新思想や社会主義的思想に関心を持っていた孫三郎は、『平民新聞』や『万《よろず》朝報《ちょうほう》』、内村鑑三《うちむらかんぞう》（一八六一－一九三〇）や福沢諭吉の書籍、蘇峰の『国民新聞』やその他の書籍などを愛読していた。

蘇峰は、日曜講壇という国民叢書《そうしょ》を何度か刊行していた。また、蘇峰とも関係の深かった作家でジャーナリストの山路愛山は、道義を説く講演会を信州の人々に勧める「日曜講演」と題する記事を『信濃毎日新聞』に掲載した（一九〇二年十月八日）。この論説の中で山路は、「帝国議会に道義なければ賄賂《わいろ》は政治を支配すべし。教育に道義なければ国は軽薄才子に満つべし。国家自今の大問題は堅実なる道義の念を培養するに在ること今更言うまでも無し」、従って、「旧幕時代の心学道話を復興せん」と「諸宗諸派の大徳及び国民の道念に関して心を労せらるる諸君子に告ぐ」と訴えかけた。そして、「日曜講演なるものを開き大に宗教道徳の問題を研究し、国民信仰の基礎を作らんと欲す」と、日曜日に講演会を開くことを提唱していた。

この記事を読んだ石井十次は、倉敷でも日曜講演を開催してはどうかと孫三郎に持ちかけた。即座に同意した孫三郎は、当初は十次のアドバイスに従って、自分で講演を行おうと考えたが、全国的な有識者を招聘することにした。こうして倉敷日曜講演は始まった。

手間隙かけて

毎月ほぼ一回、倉敷の中心部にある小学校の講堂などで一般の人々に無料開放で行われたこの講演会の費用は、遠方から招聘する場合の旅費や講演料を含めて、すべてを孫三郎が負担した。事務作業のとりまとめは、孫三郎と十次の交流を橋渡しした林源十郎が主として担当した。決算報告書によると、講演料は旅費とは別に、京都からの講師には三十円、東京からの場合は、長旅での疲労を考慮して、倍額の六十円を渡していたようである。

孫三郎は、ポスターの貼《は》り方、受講カードの詳細に至るまで、細心の注意を払って準備をしたという。聴講チケットの作成と印刷をフランス留学中の画家、児島虎次郎《こじまとらじろう》（一八八一—一九二九）に依頼し、フランスに発注したこともあった。

講師の招聘や案内状の作成と発送、広告宣伝、また県や希望者に無料で配布する速記録作成などに関する費用と手間は相当なものであったため、日曜講演は長続きしないだろうと思う人もいた。

しかし、孫三郎は、「これこそ天下の風教を培養する最良の手段であるから、少くとも三年は続けよう」と日記に記述していた。そのいっぽうで、「この講演会が実際世の益となるか否かは疑問である。若《も》し評判ばかり高くて益が少いようなら断然廃止しよう」とも孫三郎は考えていた。

幸い、日曜講演はその有益性を評価されていたようである。たとえば、一九一一年（明治四十四年）に講演者として招かれた早稲田大学教授の浮田和民は、主幹を務めていた総合雑誌『太陽』（第十八巻第二号、一九一二年）に「第二十世紀式の公共的事業――備中倉敷の大原孫三郎君」と題して、次のような文章を掲載していた。「国家の費用にて此《か》くの如き社会教育の機関を設備するのが当然である。文部省は稍《よう》やく此の頃通俗教育会を実行することになったが大原氏は既に十年前より此事に着手して居られるのである。個人の方が政府より先きへ進歩し居る実例として見遁《の》がす可《べ》からざる事柄である。此の一例にても大原氏の心情如何《いか》に公共的であるかが解る」と評価していたのであった。ちなみに、このときの浮田と孫三郎にはほとんど交流がなく、もちろん学術支援の関係もなかった。

盛況を博した講演会

この倉敷日曜講演には全国的に名の知れた錚々《そうそう》たる人物が招かれた。一般的にも知られていると思われる講演者の例をテーマとともに以下に示す。

第五回　青木周蔵《あおきしゅうぞう》「教育ニ就《つい》テ」
第八回　徳富蘇峰「最近ノ歴史ニ付テ」
第十四回　金森通倫《かなもりつうりん》「時局ト国民ノ覚悟」
第十九回　金原明善《きんぱらめいぜん》「経歴と希望」
第二十回　新渡戸稲造《にとべいなぞう》「戦後ノ戦争」
第二十一回　海老名弾正《えびなだんじょう》「神観ノ発展」
第二十五回　井上哲次郎《いのうえてつじろう》「本邦ノ長所ト短所ヲ論ズ」
第二十六回　江原素六《えばらそろく》「常識ノ修養」
第二十八回　山路愛山「開国五十年史」
第三十四回　谷本富《たにもととめり》「厭世《えんせい》ト楽天」
第三十五回　岡田朝太郎《おかだあさたろう》「犯罪ト社会改良」
第四十六回　白鳥庫吉《しらとりくらきち》「支那及ビ印度ノ文化」
第五十回　志賀重昂《しがしげたか》「満州《まんしゅう》・樺太《からふと》・大東島旅行中ノ見聞」
第五十六回　小松原英太郎《こまつばらえいたろう》「教育ニ付テ」
第五十八回　横井時敬《よこいときよし》「農業ニ就テ」
第五十九回　留岡幸助《とめおかこうすけ》「勤労ノ社会的価値」
第六十回　大隈重信「国民教育ニ就テ」

1903年6月14日、講演に訪れた徳富蘇峰との記念撮影（左から孫三郎、蘇峰、石井十次、菅之芳夫人、林源十郎、菅之芳）（『大原孫三郎傳』より）

第六十三回　菊池大麓《きくちだいろく》「教育ノ趣旨」

第六十五回　高田早苗「模範国民ノ造就《ぞうしゅう》」

第六十六回　小河滋次郎《おがわしげじろう》「国運発展ノ原動力」

第七十回　安部磯雄《あべいそお》「自治体ノ財政」

第七十二回　浮田和民「婦人解放ト社会改造」

このなかで新渡戸稲造（一八六二—一九三三）や徳富蘇峰、谷本富（一八六七—一九四六）、江原素六（一八四二—一九二二）などは、複数回招聘されていた。この倉敷日曜講演の他、連続して五、六日開催される倉敷日曜講演附属大講演会も時折催され、これには姉崎正治《あねざきまさはる》（一八

1911年５月20日、倉敷日曜講演に訪れた大隈重信（テーブルの向かって右側）との記念撮影（大隈の向かって左が孫三郎）（『大原孫三郎傳』より）

七三－一九四九）や幸田露伴《こうだろはん》（一八六七－一九四七）、荒木寅三郎なども招聘された。倉敷では全国的に著名な人物の話を聞く機会が少なかったため、日曜講演は盛況を呈した。岡山一中の学生だった岸信介《きしのぶすけ》（一八九六－一九八七）も聞きに行ったといわれている。

たとえば、大隈重信が一九一一年（明治四十四年）五月二十一日倉敷日曜講演で講演したときには、小学校では収容人数が少ないので、整地したばかりの大原農業研究所（後述）の一万坪の土地に大きなテントがいくつか設営された。このときの様子は、モノクロ写真の絵葉書にもなっている。絵葉書の最下部には小さな字で「大隈伯臨場の第六十回倉敷日曜講演」という説明が記述されている。もう一つのモノクロ写真の絵葉書には、「倉敷停車場前歓迎台上の大隈伯」という説明が小書きされており、大隈を取り囲むように人垣ができていたことがうかがえる。テントには三千人を収容できるように準備しておいたが、場外にも三千人、合計で六千人以上の聴衆が訪れたという記録が残っている。

孫三郎が自費を投じつづけて開催した日曜講演は、当初の想像をはるかに超えて、初回から二十四年目の一九二五年（大正十四年）八月（第七十六回）まで続けられた。その後は、孫三郎が設立した農業研究所がこれを引き継ぐ、という方針が立てられ、次章でふれる農業研究所では、講演会や講習会が短期間だけ開催された。

五　地域に心を傾けつづけた孫三郎

岡山講演会と岡山構想

大原孫三郎というと、岡山県のなかでもとりわけ倉敷（備中）だけに目を向けていたようにとらえる人が現在もいる。しかし、決してそうではなかった。孫三郎は、一九〇二年（明治三十五年）第一回の倉敷日曜講演を開催した翌年からは、合計で十八回もの講演会を岡山（備前）でも開催していた。岡山講演会でも、山路愛山や荒木寅三郎、留岡幸助、谷本富、岡田朝太郎、白鳥庫吉らが、法律から科学、戦争、勤労、宗教思想、人格など、多岐に及ぶ話題で講演を行った。

また、孫三郎は岡山にも美術館や大学などを創設する意向を持っていたと、孫三郎と親交のあった倉敷教会の田崎健作牧師が一九七二年（昭和四十七年）六月のインタビューで明らかにしている。この岡山構想は、土地の価格が五倍にも跳ね上がってしまったため、諦めざるを得なかった。

なお、大学については、孫三郎は、倉敷にも設立するヴィジョンを持っていたということである。田崎は、「あれだけ立派な文化施設があるのに大学だけはない、高校まではあるのに」という気持ちを孫三郎は持っていたと語っていた。

中国レーヨンを岡山に設置

経営していた倉敷絹織が一九三五年（昭和十年）に中国レーヨンを合併したさいに発表した声明の中で孫三郎は、岡山への思いを次のように語っていた。「岡山市は父の郷土であるから、常々何とかして岡山市に酬《むく》いたいと思っていたところ、岡山市民諸氏の熱心なる誘致があったので、中国レーヨンを岡山へ設置したのであるが、大体この中国レーヨンは倉敷絹織の岡山工場として設置する予定であったのを中国レーヨンとして新立したものであるから、この合併は勿論予定の計画を実行したまでである。（中略）今後は本工場の一層の発展を期し、県当局を初め岡山市民諸氏から与えられたる熱心なる御援助に対し酬いたいと思っている」。孫三郎は最後まで拠点を大都市に移すことなく、倉敷でリーダーシップを発揮して活動しつづけたが、経済的、知的、文化芸術的な発展のために孫三郎が心を傾け、働いた地元地域は、決して倉敷だけではなかった。父祖の地、岡山も同様に発展させたいと孫三郎は考えていたのであった。

倉敷や岡山以外の地域にも

孫三郎は、地域の民衆や社会を重視する視点を持って、成熟した市民社会づくりを目指していた。地域のインフラの整備や町の活性化、医療や教育などの充実を図り、郷土の繁栄に尽力した。しかし、孫三郎の地域重視の視点は、岡山県内にとどまるものではなく、ある程度の普遍性を持っていた。

石井十次が晩年を過ごした宮崎の茶臼原での「理想郷」づくりについても、大原奨農会農業研究所の人材や知識をもって応援した。また、十次の岡山孤児院大阪分院での活動と遺志を継いだ形で孫三郎が設立した財団法人石井記念愛染園《あいぜんえん》(大阪の「貧民」地区でのセツルメント活動に従事する組織)にも物心両面で支援を行った。

倉敷にとっての孫三郎

倉敷を東洋のエルサレムにする、理想郷にする、と主張していた孫三郎が、岡山に設置された陸軍師団の一個連隊の倉敷誘致に反対する民衆運動の先頭に立ったことは前述した。経済的繁栄よりも、風紀や町の美風を重視した結果のことであった。もし連隊が倉敷にできていたら、倉敷もおそらく、空襲に遭っていただろうと、戦後になってから孫三郎の判断と功績をたたえる声も聞かれた。

大原社会問題研究所のメンバーであった大内兵衛《おおうちひょうえ》（一八八八―一九八〇）は、倉敷を「封建日本、旧《ふる》い日本の民衆的な美しいものが大事に保存されている」町、「焼け残っている地方の中小都市のうちで一番美しい町」であるとの見解を示し、「この町に、これだけの余裕と美しさを与えているものは何か。（中略）この町の出身者大原孫三郎の財力とその使い方がこの倉敷を日本の名所としているからである」と記述している。[2]「もちろん、倉敷の人々の努力によることであって、一人の力ではないが、その人々の中心に、この地出身の実業家、大原孫三郎がいたことを倉敷の誰《だ》れもが否定しないであろう」と大内は考えていた。

社会文化貢献には、稼いだ金銭を年月を経た後に、何らかの形で還元するというタイプのものもある。もちろん、そのような社会貢献を否定するつもりはない。しかし、孫三郎は、経済活動などの日常活動を行いながら、それら自体が同時に、地域や人々の利益につながる社会文化貢献を目指した。そのようなタイプの貢献を追求した孫三郎の日常活動、考えは、本章で見たように、地域を決して離れるものではなかったのである。

第五章　三つの科学研究所——社会の問題の根本的解決のために

人間らしい経験

経験ということについて、息子の總一郎に孫三郎は次のように語っていた。

経験にもいろいろある、一度やったことを何回も繰り返すということは動物にもできる。今までに本当にやったことのないことをやって失敗するというのが本当の人間の経験であって、今までやったことをもう一度間違ってやるというようなことは誰《だれ》でもやる、それは経験のある人間とはいえない。

孫三郎は、経験だけで対処すること、それまでの事柄を単純に踏襲することは是とはしなかった。常に主張を求め、顕示、実践すること、それまでの誤りを正すことを自らにも課し、周囲にも求めていた。主張（孫三郎の言った「主張」とは独創的な見解というような意味ととらえることができる）を重視した孫三郎は、部下には結論から先に述べさせ、結論がつまらないとそのまま追い返したという。

たとえば、孫三郎が人絹工業職業病防止のための研究を労働科学研究所に委嘱したさい、所員の報告を聞いた孫三郎は、「ありきたりの方法で現状を調べたというだけで研究としての独創性、ひらめきがないではないか。もっと自分達の全く気付かなかったような点を指摘してほしかった」という意味の事柄を語った。(1)このエピソードは、独創性を重視する孫三郎の姿勢をよくあらわしている。

科学に解を求めて

また、孫三郎は、一人ひとりの人間や民衆の生活レベルにまで目を向けた経営や社会づくりを追求したが、キリスト教的な人間愛だけで物事を解決できるとは考えていなかった。競争や自由を信奉して経営活動を行い、利益や経済的成果を上げていたことは企業経営に関する第二章、第三章で述べた。孫三郎は、人間としての倫理と、経済性や合理性の両立を目指したのであった。

このような孫三郎には、科学や学術に解を求めようとする特徴があった。孫三郎は、生じてしまった社会の問題に後から対応していくだけでは、問題の解決に間にあわず、善き社会は実現できないと実感していた。社会の問題が起こらないように、事前に問題の芽を摘み取らなくては意味がないと孫三郎は考えた。

そのようなこともあって孫三郎は、先進的な科学研究所をいくつも設立した。科学的、合理的な解決策があみ出されることを期待したためであった。一民間人である孫三郎がつくった研究所は、本来、国が設置してもよさそうなものだと指摘されたほど、学術・研究に大きな役割を果たしたのである。そこで本章では、孫三郎が設立した三つの科学研究所を取り上げ、孫三郎の考えや設立経緯などを設立順に追ってみることにする。

一　大原奨農会農業研究所

小作人の窮状を目の当たりにして

東京遊学から戻った直後に孫三郎は、大原家所有の農地を検分し、小作人の厳しい労働生活や貧しい暮らしぶりを目の当たりにした。小作人の窮状を地主として見捨てておくわけにはいかない、何らかの行動を起こす必要があると孫三郎は痛感した。農業を発展させて、小作人の生活を楽にするにはどうすればよいだろうか、これが、孫三郎の課題の一つとなった。

孫三郎は、労働者と経営者側の利害は一致すると確信して、共存共栄を実現するための施策を倉敷紡績内で実践したが、このようなスタンスは、地主と小作人の関係についても変わらなかった。一九〇二年（明治三十五年）一月二十三日の日記に孫三郎は、「将来の地主と小作人との関係は同胞的でなければ平和を保つことは出来ない。同胞的な観念に立って生産と経済の両面から研究して農業を改良しなければならない。現在の農事改良のやり方は経済と一致しないから実行出来ぬのである」と書いていた。

当時の地主は、小作料を受け取るのみで、農業の発達にまったく関係も貢献もしていない、地主が小作人と顔を合わせるのは、小作米を受け取るときと小作料減免の談判の席だけということが多かった。このような現状は、恥ずべきことであると孫三郎は考えた。小作人と地主は農業の共同経営者であるべきなのだから、地主も小作人と同様に農業に関与し、農業の発展に尽くさなければならないと孫三郎は考えていたのであった。

地主の真の役割

江戸時代以降の農村社会では、地主は、農事改良、農業生産、用水の管理などに指導的役割を果たし、地域の温情的、慈恵的政策（いわゆる現在の公的事業）などにも率先して金銭を投資してきた。そして、これらの活動を通じて地主は、名望家としての社会的な尊敬と信用を集めてきたといえよう。このような地主のあり方は、義務のように代々引き継がれてきた。

しかし、農業技術が発展するに従って、そのような特徴は色薄くなっていった。農業技術、農業改良の指導者としての地主の役割は、国または府県の農業試験場が、産米改良は府県の穀物検査制度が担う、というように、地主のそれまでの指導的役割は公的な機関に肩代わりされていったのであった。

このような過渡期にあって孫三郎は、「地主の家が当然なすべき社会奉仕であると考えて」

農事に携わっていった。孫三郎の日記の一九〇二年（明治三十五年）五月四日には、「農事改良には大地主が農事試験所を設立して農民を指導するのでなくては効果がない。県農会や郡農会は唯《ただ》動機を与えるだけで甚だ無責任である」という記述が、また、九月二十九日には「農事改良は農業技師の献身的努力と地主の奮発にあらざれば成功せざるべし。農事改良は実地問題なるを以て、技師とならんとする者は、宜《よろ》しく鍬《くわ》を執り地を耕さざるべからず。自ら農事に従事して、而して其結果よりして農民に対して改良するよう導かざるべからず。農事には空理は益なし。総《すべ》て実際的たらざるべからず」という文言が見受けられる。地主が自ら農業生産を引っ張っていくことの必要性を孫三郎は重要視していたのであった。

大原家小作俵米品評会と大原奨農会

小作人と地主の共存共栄を目指すという信念を孫三郎は、一九〇六年（明治三十九年）頃から実行に移すようになった。まずは、岡山県の米穀検査を想定しながら、農業改良と小作米の品質改良を目的とした大原家小作俵米品評会をつくった。

品評会は毎年旧正月に開催され、優秀者には表彰も行われた。それに従って、大原家の蔵米は品質が高くなり、兵庫市場でも高値で取引されたという。この大原家小作俵米品評会は十三年後の第十四回まで続いた。

一九〇八年七月には近藤万太郎《こんどうまんたろう》（一八八三－一九四六。大原奨学生、第八章で詳述）が東京帝国大学農学部大学院を卒業し、孫三郎を補佐するようになった。その翌年の品評会で孫三郎は、次の品評会までに、農業教育などを行う小作会、「大原奨農会」をつくる意向であることを発表し、近藤たちとともに設立の準備を進めた。

一九一〇年に大原奨農会の設立が正式に発表され、孫三郎が会長に就任した。農業の発達と農民の幸福増進を図るという目的のもと、農事改良、農業金融（農業資金の貸与や相談）、小作者救済（疾病、死亡、その他事故の場合の金品貸与・贈与）、貯蓄奨励、自作農育成という五つの事業が構想された。事業の具体的な遂行方法は、研究の上で発表すると伝えられた。

孫三郎は、大原奨農会を、可能な限り徳義を重んじた会、徳義を基礎として各自の良心によって結合した会にしたいとの見解を有していた。利己主義や「卑劣な間違った考え」がまかり通るような会であれば、決して好結果は生まれないと孫三郎は考えていたのであった。

この、農業改良資金を貸し出す、小作地を買い取って自作農になることを希望する人には融資を検討するなどという大原奨農会の方針は、他の岡山県下の地主から不評を買った。

その後、技術員が小作地を巡回して実地指導を行うなどの活動を展開していた大原奨農会は、一九一四年（大正三年）に、「祖父の三十三回忌と父の五年の回忌に際し、父祖の努力の記念として父祖に対する報恩として」財団法人化された。

度重なる寄付と独立自営の道

しかし、大原奨農会の運営は、孫三郎が当初投じた基本財産（田畑、宅地、原野の約百町歩強の土地と建物）からの収入だけでは難しかった。農業講習所や農業図書館などの事業の他、関係者の海外留学や海外の貴重図書の購入、(2)建物の増築など、次から次へと経費が膨らんだためで、孫三郎は、幾度となく臨時寄付を行っていた。一九二一年（大正十年）までに孫三郎が投じた補助金はかなりの金額（少なくとも七万五千円）となっていた。

そこで、とうとう一九二二年のはじめには、運営の継続を可能にするために、大原家の農地のなかからさらに百町歩強が寄付された。このさい、「小作人が自作の目的を持って土地の譲受を望むときはこれに応ずること」という条件がつけられたが、この寄付によって大原奨農会は、二百町歩を超える土地を有するようになり、経済的安定は保証されるに至った。

大原奨農会農業研究所と財団法人大原農業研究所

孫三郎を農業面でサポートしていた近藤万太郎は、一九一一年（明治四十四年）から一九一四年（大正三年）まで孫三郎によってドイツに派遣された。欧州各国の農業事情、農政問題などの知識吸収のために留学した近藤は、学究的性格が強かったと伝えられているが、「農学校の設立よりも更に一歩進めて農業研究所を造り、農業技術の進歩発達を図ることのほうが緊要である」という考えを持った。

近藤のこのような意見を受け入れて、創立十周年を迎えた財団法人大原奨農会は、一九二四

1914年７月２日、開設された大原農業研究所の正門前にて（正門の向かって左側に立つ白い服姿が孫三郎）（『大原孫三郎傳』より）

年に方針を変更し、今後は学術研究を中心にしていくこととした。そして、この年の四月、大原奨農会農業研究所が設立され、種芸部、園芸部、農芸化学部、昆虫部、植物病理部などが設けられた。

この研究所では、温室ぶどうの栽培や白桃の品質改良も手がけられた。また、二ヵ年を修養年限とする農業講習所も一時的にではあったが開設された。さらには一年に一回、講演会や講習会も開催された。これらが一時的に開催された一つの理由は、農家の子弟を対象にした農学校を設立して、農民の経済的地位を向上させたいという孫三郎の以前からの希望が酌まれたためだと思われる。もう一つの理由は、新設された農業研究所が、長期間続けられてきた日曜講演を引き継ぐという方針が立てられたためだろう（この方針によって日曜講演は長い歴史に幕を閉じた）。

基礎研究活動を通じての研究の還元

しかし、農業研究所は次第に、教育活動や実地研究を離れ、学術的な基礎研究活動に集中するようになっていった。設立から五年後の一九二九年（昭和四年）三月に財団法人大原農業研究所と改称された頃には、種子や植物病理などの学術研究への集中度はかなり高くなっていた。学術研究の結果は、報告書や講演会を通じて公表され、穀物の貯蔵法や稲いもち病などの病理対策、雑草対策など、一般の農業改良にも大きく貢献した。

桃やぶどう、マスカットなどの果物王国として、また、藺草《いぐさ》の有名な生産地として岡山が名を馳《は》せるようになった陰に、この研究所があったことはあまり知られていない。第二次世界大戦後の農地解放によって、孫三郎から寄付された農地を失った農業研究所は、岡山大学の所管となり、大麦のＤＮＡサンプル保持と研究で世界的な権威として知られる岡山大学資源植物科学研究所として現存している。

二　大原社会問題研究所

大原社会問題研究所への思い

孫三郎とは「腹を割った関係にあった」と語っていた牧師の田崎健作によると、一九一九年（大正八年）に設立した大原社会問題研究所と一九二一年に設立された労働科学研究所について孫三郎はのちに次のように語っていた。「石井（十次）さんが生存されていたら、果たして満足されたかなぁ、両方とも思わざる方向に行ってしまいましたよ。石井さんならキリスト教の信仰から出発したのですが、この研究所の方向は、信仰から切り離された研究ですから、私にも、その当時はわからなくなってしまいました。ただ、学者の皆様におまかせしたのですから、私のごときは口ばしを入れるべきではないと思っております」。

そして田崎は、「石井先生が心をくだかれた社会問題の研究に乗り出し、高野《たかの》岩三郎《いわさぶろう》博士を中心に、大原社会問題研究所を開設して、時代に大波を送る結果となったのでありますが、これは石井先生の志をついだ結果であって、大原さんはたびたびそのことを申しておられました。何も、マルクス研究所じゃなくて、social research institution ——社会の、そのとき、そのときに起きてくる問題を研究するつもりであった」とも語り、大原社会問題研究所が、十次の思いと奮闘を継承したものであることをまさに裏付けていたのであった。

大阪でのセツルメント事業

石井十次は、「貧民」と呼ばれた人たちが多く暮らしていた大阪でも岡山孤児院の分院としての活動を展開し、一九〇二年（明治三十五年）に、愛染橋保育園と愛染橋夜学校、職業紹介機能を有する同情館を南区下寺町《したでらまち》（現天王寺区《てんのうじ》）に開設した。

十次が一九一四年（大正三年）に四十八歳で早世した後、孫三郎は一時的に岡山孤児院の院長も引き受けた。しかし、孤児院を巣立った者が十次に宛てた依頼心の強い書簡などを目にした孫三郎は、十次のひたむきな情熱と努力をもってしても、首尾よい結果が残ったとはいいがたいことを痛感した。

孫三郎は、個人の努力で困窮者を事後的に救済しても社会に広がる病理を克服することは不可能だと考えた。そこで、慈善、救貧的な活動ではなく、社会の根本を改良して問題の芽を摘み取る防貧的活動を行いたいと強く思うようになっていった。

孫三郎は、社会問題について調査研究を行い、現状改善に生かしたいと考えていることを、一九一六年に倉敷日曜講演に招聘した小河滋次郎（一八六四―一九二五。現在の民生委員制度につながる方面委員制度の創設者）や安部磯雄（一八六五―一九四九。同志社大と早稲田大の教授を務めた）に話し、意見を求めた。

両者からは、「日本では防貧の研究は、まだ進んでいないから、社会問題を科学的に研究する研究所の設立は急務である」というアドバイスを得た。しかし、翌年の岡山での十次の銅像除幕式で会った徳富蘇峰（岡山孤児院の評議員）は、時期尚早との意見だった。

石井記念愛染園の設立

岡山孤児院の大阪分院のその後については、分院スタッフの富田象吉《とみたしょうきち》らと孫三郎で相談が進められていたが、一九一七年（大正六年）になって孫三郎は、財団法人石井記念愛染園を設立した（基金五万円、土地買収や建設工事の費用も孫三郎が拠出）。岡山孤児院の創立三十周年と十次の永眠三年を記念する事業としてであった。

この財団法人石井記念愛染園の中に、まずは救済事業研究室が設けられた。石井記念愛染園の開所式で孫三郎は、「愛染園に敷設した救済事業室は極めて小規模ではあるが救済事業と社会状態の調査研究に当たり、さらに社会事業を推進する活動家の育成にも努めたいので、近い将来、独立の研究機関に発展せしめたいと思う」と述べている。ここには、児童社会事業について米国で研究してきた高田《たかだ》慎吾《しんご》（一八八〇—一九二七）を迎え、研究が進められていた。

そうしていた間も、社会の矛盾や貧富の差は薄れるどころではなかった。一九一八年には富山で米騒動が起き、それを皮切りに農民運動や労働運動などの社会運動が噴出した。このような事態は、孫三郎にとってはまったくの予想外というものではなかった。

以前に社会問題の調査研究などは時期尚早とのアドバイスを孫三郎に与えていた徳富蘇峰も

大阪時代の大原社会問題研究所の外観（同研究所作成の絵葉書より）

この頃には賛意を示すようになっていた。そこで孫三郎は、海外から流入した過激な思想ではなく、日本に適した方法で問題解決を図るために、社会問題を根本的に掘り下げて科学的に研究する機関を設立することにしたのであった。

大原社会問題研究所の設立

一九一九年（大正八年）二月九日、大原社会問題研究所の実質的な創立総会が大阪で開催された。その四日後の二月十三日には、石井記念愛染園の救済事業研究室を発展させて、大原救済事業研究所が（両研究所はこの時点では石井記念愛染園内に）設立された。さらに四ヵ月後には、この二つの研究所――大原救済事業研究所と大原社会問題研究所――は統合され、救済問題と社会問題という二部門からなる大原社会問題研究所が設立された。大阪市天王寺区伶人町《れいにんちょう》の研究所の建物は、一九二〇年（大正九年）四月末に竣工した（一千坪の土地の買収代金九万円と建設費用十五万円は孫三郎が負担）。

研究員の推薦依頼と選定

孫三郎を後押しした徳富蘇峰は、京都帝国大学教授の河田嗣郎《かわたしろう》（一八八三―一九四二）などを研究員に推薦してくれた。河田は、『国民新聞』の記者をしていたときに孫三郎の支援を受けてドイツへ留学していた。また、元京大教授の谷本富は、京都帝国大学講師の米田庄太郎《よねだしょうたろう》（一八七三―一九四五）を推薦した。河田と米田の両者は、一九二二年（大正十一年）に大原社会問題研究所が財団法人となるまでこの研究所に所属した。

孫三郎は、早稲田大学教授の浮田和民にも相談を持ちかけたところ、同大教授の北沢新次郎《きたざわしんじろう》（一八八七―一九八〇）が研究員に推薦された。また、倉紡中央病院設立のさいにもふれたが、孫三郎は、孤児の発生原因の一つとして、親の病死があることを痛感していたため、東京帝国大学医学部生理学教室の永井潜《ながいひそむ》（一八七六―一九五七）博士（孫三郎の遠縁）に医学関係の候補者の推薦を依頼した。そして適任として紹介された人物が東京帝国大学医学部の学生だった暉峻義等《てるおかぎとう》（一八八九―一九六六）であった。高田慎吾は孫三郎に依頼されて暉峻に会いに行き、暉峻は入所を承諾した。高田はまた、米国で宗教関係の仕事に従事した経験を有する大林宗嗣《おおばやしむねつぐ》

（一八八四—一九四四）を勧誘してきた。

さらには、河田が同じ京都帝国大学の河上肇《かわかみはじめ》（一八七九—一九四六）博士を研究員に招聘することを提案した。そこで孫三郎は河上を直接訪問した。後に共産党との関わりによって、京都帝国大学を去り、獄中生活も送った河上は、そのとき、自分を訪ねてくると孫三郎のためにならない、と忠告したという。そして、東京帝国大学の高野岩三郎（一八七一—一九四九）を紹介した。

河上肇と大原社研

『大阪朝日新聞』に一九一六年（大正五年）九月十一日から十二月二十六日まで掲載された『貧乏物語』の中で河上肇は、「世の富豪に訴えて、いくぶんなりともその自制を請わんと欲せしことが、著者の最初からの目的である。貧乏物語は貧乏人に読んでもらうよりも、実は金持ちに読んでもらいたいのであった」と明かすとともに、「損をしながら事業を継続するということは永続するものではない。それゆえ私は決して金もうけが悪いとは言わぬ。ただ金もうけにさえなればなんでもするということは、実業家たる責任を解せざるものだ、と批評するだけのことである。少なくとも自分が金もうけのためにしている仕事は、真実世間の人々の利益になっているという確信、それだけの確信をば、すべての実業家にもっていてもらいたいものだというのである」と呼びかけた。

孫三郎が大原社会問題研究所を設立した理由の一つは、この『貧乏物語』に大きな感銘を受けたからだという説がある。また、所長就任を孫三郎が河上に直接依頼したという説もある。この点について柿原政一郎は、「貧乏物語が社会問題研究所設立を促したとは考えられない。間接には影響が幾分あったとしても直接の動機にはなっていない」、「河上博士を所長に就任懇請したことはない、研究所に直接関係を持ってもらいたいという意味であった」と後日明かしていた。

河上は、一九二〇年になって評議員には就任したが、結局、研究員としての入所は実現しなかった。

東京帝大経済学部からの人材流入

統計学の権威、高野岩三郎は、東京帝国大学法学部の中から経済学部を分離、新設した中心人物であったが、国際労働機関（ＩＬＯ）の代表問題で社会一般を騒がせ、大学にも迷惑をかけたということで東京帝国大学を辞職した。そして、大原社会問題研究所の仕事に専心した。(3)

当初、高野は、時勢に鑑みて、研究所における研究によって孫三郎の事業に迷惑がかかることを危惧し、研究所の名称から「大原」をはずすことを提案した。しかし孫三郎は、いまさら「大原」の名称を除くことは卑怯《ひきょう》な気がすると語ってその申し出を断ったという。

高野が東大を去った直後に、「クロポトキンの社会思想の研究」論文を執筆した森戸《もりと》辰男《たつお》（一八八八―一九八四）、そして、論文を掲載した『経済学研究』の編集人、大内兵衛が東京帝国大学を辞めざるを得なくなったクロポトキン事件が起きた。その影響で、東京帝国大学経済学部からは、大内兵衛や森戸辰男をはじめ、櫛田民蔵《くしだたみぞう》（一八八五―一九三四）、久留間鮫造《くるまさめぞう》（一八九三―一九八二）、権田保之助《ごんだやすのすけ》（一八八七―一九五一）などがまとまって大原社会問題研究所に入所した。

その他にも、小河滋次郎、宇野弘蔵《うのこうぞう》（一八九七―一九七七）、長谷川如是閑《はせがわにょぜかん》（一八七五―一九六九）、高山義三《たかやまぎぞう》（一八九二―一九七四）、笠信太郎《りゅうしんたろう》（一九〇〇―六七）など、錚々たる社会科学系の人々が研究員や研究嘱託として大原社会問題研究所に関係したが、高野も集団で入所してきた高野の教え子もほとんどが経済学者や社会学者だったため、研究所は、社会問題、特にマルクス主義の研究所という様相を呈していった。

八つの活動目的

労働問題に関する研究部門と社会事業に関する研究部門を併存させて誕生した大原社会問題研究所の設立趣意書には、八つの目的が記されていた。労働問題・社会事業その他の社会問題に関する研究および調査の実施、調査の嘱託、研究および調査の援助、研究の刊行、海外著作の翻訳刊行、学術講演および講習会の開催、懸賞論文の募集と審査発表、国内外の関係図書の蒐集であった。

書籍の購入と出版

このような目的に従って大原社会問題研究所では、孫三郎の支援を受けて各所員が研究、調査を進めた。そして、所長の高野をはじめとする六人が孫三郎によって欧米留学に派遣された。

また、国内外の図書も大量に購入していった。さらに、一九二〇年（大正九年）からは『日本労働年鑑』も刊行するようになった。これは、労働者や農民の状態、労働運動や農民運動などの社会運動の動向や諸々《もろもろ》の政策などについて、客観的な立場からまとめるというものであった。また、その二年後には不定期刊行の小冊子「大原社会問題研究所パンフレット」が、そして、その翌年からは研究調査の成果を公開するための機関雑誌『大原社会問題研究所雑誌』が発行されるようになった。一九二五年には「大原社会問題研究所アルヒーフ」（主として調査報告資料を掲載）の第一号『本邦消費組合の現況』が刊行された。

学術講演および講習会の開催

学術講演および講習会の開催という活動目的に従って、一般労働者を対象とする社会問題の「研究読書会」が一九二〇年の秋から大阪と東京で開かれるようになった。週一回の講習、全三十回が一期とされ、一円の会費が徴収された。

所長や所員が講義にあたったこのような読書会では、ウェッブ夫妻の『防貧策』、ブレンターノの『労働者問題』、J・S・ミルの『婦人解放論』などがテキストとして使用された。また、一九三一年（昭和六年）からは研究所で月次講演会が、その二年後からは、講師を招聘して時事的話題で談話と質疑討論を行う「談話会」も開催されるようになった。第一回の「談話会」では長谷川如是閑が「思想問題」と題した講話を行った。

その他の活動

一九二三年（大正十二年）には社会問題研究を志す大学卒業程度の人物を教育指導する研究生制度が設けられ、研究生規定が全国の大学に配布された。研究生は、年額二十円で一年間、個別の所員から読書指導や演習を受けた。

その翌年からは、研究所内に開設した図書閲覧室を無料で希望者に開放するなど、幅広い活動が展開された。進歩的な人たちが集まるようになった大原社会問題研究所では、女性運動に関する様々な資料も蒐集され、女性のみを対象にした読書会も開催された。また、日本ではじめてマルクスの『剰余価値学説史』を翻訳し、刊行した。その他にも、『産業民主制論』など、ウェッブ夫妻の著作の翻訳も手がけられた。

「マルクス主義の巣窟」に

しかし、その活動は、孫三郎が望んでいた社会改良のための実践的な調査研究というよりも、マルクス主義を中心とした学術、思想研究へと特化していった。そのため、大原社会問題研究所は次第に、政府や保守的な資本家からは、危険思想の培養所と見られるようになった。

だが孫三郎は、運営にも研究にも一切口出ししなかった。儒学者の父方の家系を身近に見てきた孫三郎は、正規の学問を自分自身では修めなかったが、学者や専門家を信用して丁重に扱う傾向があった。

そうではあっても、社会問題研究所への警察の干渉は重なり、孫三郎は、周囲の資本家やジャーナリストからも非難や攻撃を受けるようになっていった。また、業績が思わしくなかった倉敷紡績内部でも、社会問題研究所などへの支援を道楽と見る人たちが孫三郎に大きな不満を抱くようになっていた。

将来の独立を約束しての東京移転

そのようななか、共産主義者が大量に検挙された一九二八年（昭和三年）の三・一五事件が起こった。高野所長が、共産主義の実際活動を所員に禁じていたにもかかわらず、この事件には、大原社会問題研究所のメンバーも関与していたことが明らかになった。

そのため、この事件を契機として、孫三郎と大原社会問題研究所の間で、研究所のあり方についての話し合いが持たれるようになった。話し合いは、その後、孫三郎や高野の病気もあって停滞し、数年に及んだ。

そして、最終的に、大原社会問題研究所の東京移転が決まった。東京移転後も毎年二万五千円ずつ四年間は孫三郎が支援を続け、それ以後は孫三郎から独立すること、大阪の研究所の土地建物、図書の一部などを大阪府に売却した代金で退職金、移転費用、新事務所購入費用を賄うことで妥結した。

一九三七年に東京市淀橋《よどばし》区柏木《かしわぎ》（現新宿《しんじゅく》区北新宿・西新宿）に移転して規模を縮小しながら活動を続けていたこの研究所は、一九四三年四月から一九四六年まで、鮎川義介《あゆかわよしすけ》（一八八〇—一九六七）が会長を務めていた財団法人義済会から年間三万円の寄付金を得ていた。戦時中には空襲で土蔵一棟以外は全焼したが、貴重書籍や原資料は無事だった。

その後、研究員の大内兵衛が総長を務めた法政大学に合併されることになり、一九四九年に、法政大学との間で合併覚書を交わした。そして、研究所はいったん解散、法政大学の付置研究所となった。それから二年後、財団法人法政大学大原社会問題研究所となり、現在に至っている。

三　労働科学研究所

深夜の工場視察

一九二〇年（大正九年）三月、高野所長が大原社会問題研究所の機構改革に乗り出し、二つの研究部門――労働問題関連と社会事業関連――が統合されることになった。

研究所員の中で唯一の医学士だった暉峻義等は、八王子《はちおうじ》市の幼児死亡率の調査研究を開始したが、当時のことを「経済のほうは紙と鉛筆があればできる。ところがこっちはひとりで入っても何もできないのでとほうにくれてしまった。会議に出ても、経済学の話と労働者の疲労の問題とはとうてい距離があって結びつかない。(中略)みんな理論家なんですよ。何も実践はないわけだ」と振り返っていた[4]。

大原社会問題研究所は、「とかく、議論一方に傾いていった。これでは真実のものをつかむことができないと考えた大原さんは、科学的に、実験的にやってみる必要があると考えて、労働科学研究所を暉峻義等博士を招いておこした」と牧師の田崎は説明している。孫三郎は、倉敷に来て労働者の状態改善に努力してくれるのならば、思い通りの研究施設を提供しようと暉峻に持ちかけ、まず下見として一九二〇年二月に暉峻と孫三郎は倉敷紡績の工場見学を深夜予告なしで敢行した。

孫三郎は、暉峻に工場の通常の状態を見せなくては意味がないと考えた。そこで孫三郎は、暉峻を旅館にいったん訪ね、夜間に視察する意向であるから、それまで待っていてほしいと告げた。孫三郎は、社長である自分が工場視察を行うということを現場に知らせなかった。なぜなら、もし、特別な来訪者があるとわかれば、工場の現場の人々がいろいろと取り繕うこともあり得ると考えたためであった。白足袋、雪駄《せった》、袴《はかま》を身に着けた孫三郎は夜中の一時に暉峻を旅館に再訪し、二人で連れ立って夜道を歩いて工場へ向かった[5]。

少女たちの労働環境を、労働科学研究所創立時のメンバーの一人、桐原葆見《きりはらしげみ》（一八九二—一九六八）は次のように描写している。「暗い天井から無数のベルトが縦横にぶらさがって、その下で紡機がガラガラと大きな音をたててまわっている。近くで話している会話が聞きとれない。（中略）吸塵《きゅうじん》装置はまだどこにもなかったので、室内の湿度を保つために、頭上にとりつけられた鉄管から吹き出す蒸気と、『低混綿良製品』主義で、立ちのぼる安物の短繊維の原綿が、細い糸にひかれるにしたがって、この機械の回転とベルトの動きにあおられて、存分に立ちのぼるもうもうたる綿塵のかなたに、裸電球が黄いろくかすんでいる。その下で大ぜいの若い女子が、汗と膏《あぶら》にべっとりと綿ほこりのついた顔をぬぐいもあえず、忙しく立ちはたらいている。その中には十二歳になったばかりのものから、十五、六歳頃までの少女が大半をしめていた[6]」。

孫三郎との深夜予告なしの工場見学を暉峻は次のように回想していた。「君、何とかしてこの少女たちが健康でしあわせになるように、ここでひとつやってくれんかというわけだ。はじめは、自分から見せようと言ったんだけれども、一年ぶりに入ってみて、やっぱり私という男を連れているのが大原さんに響いていたし、大原さん自身もなまなましい現実を一年ぶりに見たんですから、ひどくこたえたんですね。こうして頭をぶっつけて目を覚ましているんだからね。打っちゃ目を覚ましている（中略）いたるところでね。それは大原さんの痛切な要求だったんでしょう。歩きながら真剣に語り続けるものだから、僕も感動してしまって、『大原さん、やりましょう！　ここへきてさっそくやりましょう！』というところにきたわけです。まあ一とおり見まして、大原さんがしみじみ、『やってくれれば私も全力を上げてやります』と、こういうことだ」。

労働科学とは

暉峻義等、桐原葆見、石川知福《いしかわともよし》（一八九一―一九五〇）という研究所設立当初のメンバーは、ベルギーのソルヴェー研究所に所属するイオテイコ女史（Dr. Josefa Ioteyko）の著作 *"The Science of Labour and Its Organization"* を基にして、倉敷労働科学研究所という名称を決定した。この名称では、一見すると、労働運動の研究所と間違われはしないかと孫三郎は当初は驚いたが、Science of Labour はフランスやベルギーでは「労働科学」という意味で使われている言葉だとの説明を受けて納得した。

暉峻などが執筆した『労働科学辞典』によると、労働科学とは、「労働する人間についての学問であり、労働する人間の肉体と精神とについて科学的諸原則に立って、経営と労働とをよくする方法を発見する科学」となっている。(7) また、「労働の機械化によって新たに起こってくる、機械的労働の人間生活や労働力に及ぼす影響を研究し、機械の重圧から人間を解放する科学的手段を発見する」ことが労働科学の任務であるというのであった。

「生産性の父」のテーラー・システム

労働問題を取り扱う場合、労働者を保護する側面からのアプローチと労働の能率の向上を図る側面からのアプローチの二つが考えられよう。言い換えれば、社会政策的視点からと経営生産的視点からというように、労働科学には異なる方向から接近することが可能なのである。

労働能率的アプローチとしては、米国の技師、フレデリック・ウィンズロー・テーラー（一八五六―一九一五）が提唱したテーラー・システムが有名である。テーラーは、一九一一年（明治四十四年）に『科学的管理法の原則』（"*The Principles of Scientific Management*"）を著し、「能率」という言葉に特別、かつ新たな意味を与えた。

テーラーは、作業から無駄な動作を排除し、作業過程を簡素化して、コスト削減と生産性アップを図ることに挑戦した。労働様式と所要時間を分析し、工具も合理的に配備して、一定時間内の最大生産につながる労働様式の制定を試みた。そして、あみ出した労働様式に合わせて労働者を訓練し、実際に労働させるというテーラー・システムを考案した[8]。このシステムによって、労働者と事業主双方に最大の繁栄がもたらされるとテーラーは主張していた。

分析的な研究に基づいて、無駄な動作と労働者の疲労を避けながら最大生産を達成することができると宣伝されたテーラー・システムは、米国社会に影響を及ぼし、工場生産に貢献した。その後の米国では、ヘンリー・フォードがコンベヤーを使用した流れ作業で大量生産を実現した。また、産業能率的側面の経営学は現在も米国で盛んであり、「生産性の父」としてテーラーは今も影響を及ぼしている。

しかし、テーラー・システムによって、労働者にとって不利な状況も生じたことは確かであった。仕事量の顕在化に伴う給与カットや人間を機械のように見る視点が生じたのであった。そのため、批判も続出し、テーラーは、『科学的管理法の原則』を発表した年とその翌年に米国下院の特別委員会に喚問され、テーラー・システムの欠陥が糾弾された。

日本の労働科学の発祥地

暉峻は、労働能率に偏重しているとの指摘も受けたテーラー・システムを批判的にとらえていた。また、研究所員の桐原も、「労働科学は人間の労働を研究する実践科学である。(中略)労働科学は働く人間のために真実に合理的な労働と生活の条件を求めてやまない社会生物科学(sociobiological science)である。そこには感傷ではない、合理的ヒューマニズムがなくてはならない、というのがわれわれの志願」であると語り、「どんな体制の下でも労働者大衆のためのもの(labour oriented)」でなくてはならないという労働科学への思いも強調していた。[9]

つまり、倉敷労働科学研究所が、ベルギーや米国など欧米の動きに目を向けながら取りかかることにした労働科学とは、単に効率の向上を目的とするものではなく、人間尊重の視点を重視した実践的学問であったのである。この研究所が日本の労働科学の発祥地となった。

具体的には、肉体の科学である労働生理学と精神の科学である労働・産業心理学という二つの基礎科学をベースにして、生化学、労働・産業・社会衛生学、職業疾病学などの観点を連携させながら研究が進められた。また、栄養学、臨床医学、心理学などの専門家も研究員に加えられていった。

実地の予備的調査

研究所設立にさいして暉峻は、労働現場が研究の糧であるため、工場の隣接地に新研究所を設立してほしいと要望した。そして、一九二〇年（大正九年）の夏に暉峻たちは、倉敷紡績の労働者を対象にした次のような予備的調査[10]を極秘のうちに行った。このとき暉峻たちは、結果を決して外部に漏らさないと誓約させられた。それは、女子労働者の処遇が社会運動家の標的にされて非難されることを倉敷紡績が避けたいと考えたためであった。

暉峻たちが行った調査とは、夏季の五週間、女子寄宿舎の一角で起居をともにし、昼勤と夜勤をそれぞれ一サイクルずつ経験した場合の女子労働者の身体機能や態度の状態を追跡調査するというものであった。

当時、工場の労働現場では、正午と夜中の零時に四十五分間の食事休憩があった。また、午前三時頃と午後三時頃には十分から十五分の休憩時間が設けられていた。十八時間労働ということもあったようであるが、原則として、工場の女子労働者は、十二時間二交替制で働くこと

1921年７月20日、倉敷労働科学研究所の開所式（前列左より４人目、白い服姿が孫三郎）（『大原孫三郎傳』より）

になっていた。昼勤が朝六時から夕方六時まで、夜勤が夕方六時から翌朝の六時までで、それぞれを十日間続けることが一サイクルとされていた。一サイクル（たとえば昼勤を十日間続けること）が終わると、次のサイクル（今度は夜勤を十日間続ける）に入る前に、一日休みを取ることができた。

調査項目は、体温、脈拍、呼吸、血圧、皮膚感覚と音に関する反応時間などで、夜勤を続けると通常の値ではなくなるだろうという予測を裏付ける結果が得られたという。この、昼夜交替作業による肉体的、精神的影響の調査を皮切りに、倉敷労働科学研究所は、疲労問題を中心テーマとして扱うようになっていった。

一九二〇年末には大原社会問題研究所の社会衛生関係部門が倉敷紡績の万寿工場内に移

された。こうして翌一九二一年七月一日、大原社会問題研究所から分離して、実験研究施設が整備された倉敷労働科学研究所が正式に発足した。

政策や現場に影響を及ぼした実地研究

この分野の研究については、後に研究員となった勝木《かつき》新次《しんじ》(一九〇三―八六)が、「昼夜交代作業に関する研究は婦人の深夜業禁止という内容を含む工場法改正の有力な支えとなったことは疑いのないところである」との見解を示している。(11)

倉敷紡績では一九二九年(昭和四年)四月一日をもって各工場が一斉に深夜業を廃止した。他社も含め、紡績各社はおおむねこの年の六月末までに深夜業撤廃を実施した。(12)

これ以外にも、倉敷労働科学研究所の研究は、労働時間を短縮することや女性労働者の福利施設を改善することの必要性などを科学的に裏付けていったのであった。

一九三〇年には、綿業不況のため、労働科学研究所の経営は、倉敷紡績から孫三郎の個人経営へと移管されたが、この年には、「補償体操」が倉敷労働科学研究所によってはじめて提案された。この体操は、今日では珍しくない職場体操の先駆けで、「現代の生産的活動が、小部分の身体部局を用い、長時間にわたり、同一の体勢と緊張を以て行う持続的反覆性作業であるから、健康を維持し、心身機能の順調円滑な発展を期するためには、補償的な体育運動を以てしなくてはならぬ」という考えに基づいていた。(13)

この時期になると、従来の産業分野の研究のみならず、農業労働と農村生活に関する研究にも乗り出した。そして、一九三二年には、妊娠中の女性労働者の母体保護に関する提案を行った。この提案は、労働衛生行政に取り上げられることはなかったが、倉敷労働科学研究所は、労働時間の制限、妊娠九、十ヵ月目の労働禁止、定期的な体重測定とその結果に応じた労働と栄養面のチェック、および妊婦の作業場変更の必要性を訴えた。

労研饅頭と冷房導入の検討

また、栄養面でも労働科学研究所は、社会に成果を発信した。中国東北部の労働者の間で主食となっていた饅頭《まんとう》について、暉峻を中心に研究が重ねられた。そして、日本人の口にあった主食代用品として、栄養バランスに配慮した労研饅頭が考案され、関西地域で販売された。

この蒸しパンのような労研饅頭は、倉敷教会の田崎牧師が宣教に訪れた松山にわたり、夜学校の学生と奨学金充実のために製造、販売が手がけられるようになった。労研饅頭はこの松山の店舗で現在も購入することができる。

設立当初には大気条件の研究も行われた。この問題は孫三郎がかねてから解決したいと願っていたことであった。孫三郎は、高温多湿で働く労働者の疲労と夏季の減産を防ぐために、工場内の温度と湿度を調節する冷房装置付きの空調試験工場を建設することを計画していた。そして、英国には空調が完備した工場があり、効果を上げているという報道を耳にして、冷房用大型冷凍機[14]を一九二一年（大正十年）に発注していた。また、技師を英国や米国の視察にも派遣した。しかし、この冷凍機付試験工場の建設は、不況と関東大震災のため頓挫《とんざ》してしまった。購入された冷凍機は製氷所と改められ、孫三郎が設立した倉敷中央病院で重宝された。工場の作業場の温度・湿度の調整のためには、建物の壁面を蔦《つた》で覆うことも一つの策として打ち出された。倉敷アイビースクエアの名称は、この蔦（英語でivy）に由来する。

損得勘定ぬきで

しかし、倉敷労働科学研究所は、大原社会問題研究所や大原農業研究所と同様、孫三郎のビジネス面での利益向上にはほとんど寄与しなかったといわれている。

それどころか、孫三郎にとってマイナスと思われる活動も容認された。暉峻は、労働科学研究所の研究結果を公表したいと孫三郎に要求した。当時、労働運動が高まっていたなかでの紡績工場の経営は、たやすいことではなかった。そのため、人道主義的側面を強く有していた孫三郎であっても、暉峻の要求に対して、当初は難色を示した。しかし、最終的に孫三郎は、「始めるからには続けること」と長期的な継続を奨励するアドバイスを付した上で、研究結果の公表を認めた。

孫三郎が公表を許したことについて暉峻は、「大原氏の許容は実に一大決意であったに相異ない。日本のいずくの工場経営者に、当時に於て、その労働状態の科学的批判を自らの経営下にあるものの仕事として天下に公表せしめたものがあるか（中略）。ここにも余は大原氏の科学的研究に対する尊敬すべき理解を発見し、この識見の非凡なるに畏敬《いけい》の念を禁ずる能《あた》わざるものがある」[15]と称賛していた。こうして労働科学研究所は、一九二四年（大正十三年）六月から機関誌の『労働科学研究』を発行するようになった。

労働科学は、資本主義経済の発展に伴って生じた労働者の問題を具体的に改善、あるいは解決しようとして動き出した科学であり、日本でそれを強くサポートしたのは企業家の大原孫三郎であった。所員の桐原は、孫三郎との会話を基にして、孫三郎が倉敷労働科学研究所を設立した意図を次のようにまとめていた。「自工場の労務管理施策のためにではなくて、ひろく労働と労働者一般のために、ということである。もし私意がかりにあったとしても、それは自分がやって来た、またこれからしようとする労務管理の理念と施策との科学的裏付でももし出て来れば、もっけの幸だ、というくらいのものであろう[16]」。

東京への移転と再出発

労働科学研究所は、倉敷紡績の経営悪化に伴い、一九三〇年（昭和五年）に孫三郎個人の経営に移された（倉敷紡績から経費の一部補助はあった）。その後、倉敷労働科学研究所は一九三六年末をもって解散することが決まり、同年の十月十二日に創立十五周年記念式と解散式を兼ねた式典が行われた。

翌年からは財団法人労働科学研究所として東京で再出発を切った。移転にさいして倉敷紡績は、労働科学研究所の三年分の人件費（解散時の所員は四十名）と多少の維持費、移転費用すべてを負担した。また、研究所の施設・設備・図書すべても寄付された。

孫三郎の手を離れた理由は、紡績労働の研究は一段落したので社会一般での研究に専念したいと暉峻が希望したこと、重要分野ゆえにさらに充実した大規模な公的組織で経営されるべきだとの意見が起こってきたこと、孫三郎が亡くなった場合の財政が憂慮されていたこと、などであった。日本学術振興会の研究補助によって暉峻が国民栄養調査を実施した縁もあって、日本学術振興会が孫三郎を説得した側面もあったようである。

その後、労働科学研究所は神奈川県川崎《かわさき》市に移転し、現在も活動を展開している。

四　孫三郎と三つの科学研究所

しゃにむに進んだ孫三郎

このように孫三郎は、周囲から白眼視されようが、道楽とみられようが、信念と主張をもって設立した科学研究所へ資金提供し、活動を支援した。それは決してたやすいことではなかっただろう。

總一郎は、孫三郎のこれらの事業について、「賛成者の有無なぞは、初めから全く考慮のうちにおかず、それでしゃにむに創《はじ》めて来たものばかり」、それもすべてが「金を使い、金を食い込む仕事」に限られていたと語っていた。(17)

資金提供ということに関連していうならば、法政大学大原社会問題研究所の所長を務めた法政大学名誉教授の二村一夫《にむらかずお》によると、大原孫三郎は、大原社会問題研究所の創立から一九三九年（昭和十四年）までの二十一年間に合計で百八十五万円もの資金を提供していた。現在との価値比較のために単純に五千倍にすると九十二億五千万円、一万倍にすると百八十五億円にも達する。(18)

浪費や無駄遣いとは無縁

また、總一郎は、孫三郎の金銭の使い方について、次のようにも述べている。「守旧派の他の会社役員（倉紡）との間には、事業経営や新企画の上で、つねに必ずしも、ウマがあったとは限らず、父の立場は時々妙にうき上ることがあったらしい。そんな際にはますますムキになって、父は初志貫徹に頑張り、とどのつまりは、会社の拠出によるべきものまで、なけなしの私財を投ずることになった。そんなこんなで、父は世間から金持ちにみられながら、しょっちゅう、文化道楽（他の人はそうみた）のためには自分のフトコロをピーピーさせていました」、「ゼイタクといっても、それは思うままに金を使うという意味で、浪費とかムダ使いとかいった意味ではない。（中略）何一つ行うにも、必ず『主張をもつ』ものでしたから、金の方も思い切ってそれに使いました。それだけに、絶対に死金というものは使わなかったわけです。（中略）父の場合は、一銭の支出にもすべて『自分を生かす』ことにつとめていましたので、そうした矛盾はどこにも感じられませんでした」。

このような總一郎の回顧談は、「主張のない仕事はしない」が口癖であった孫三郎の強い信念があってはじめて事業が継続できたことを物語っている。孫三郎は、主張を持った、生きた金銭の使い方にこだわり、虚飾のような贅沢《ぜいたく》を嫌った。

ここで、林源十郎の孫の上田昌三郎《うえだしょうざぶろう》が筆者に教えてくれたエピソードにふれておきたい。あるとき社長の署名が必要になり、孫三郎は墨の準備を秘書に依頼した。すると、秘書が硯《すずり》にたっぷりすった墨を持ってきた。孫三郎は、ただ署名をするだけであるから、無駄なことはしないようにと言ったというのであった。孫三郎の一面がうかがい知れる。

合理的で中庸な解を求めて

当時の知識人は一般的に科学主義、合理主義を信奉していた。孫三郎を早稲田の校友[19]とした大隈重信も、たとえば「今日は何事も科学の世の中だから」、「更に進歩せる現代の科学的知識に依り、新に食物研究を初めたなら、まだ食膳《しょくぜん》に上り得る物は沢山に此世に残されて居ろうと思う」というように、「科学的」であることを旨としていた[20]。このような科学の時代とそれを吸収・利用しようとしていた人々の影響から孫三郎が無縁だったとはいえない。

それでも、孫三郎が科学を尊重した理由の一つは、時代のエートスだけでは語れない。並外れて熱い情で孤児院経営にあたった石井十次をもってしても孤児の問題を完全に解決することはできなかった。事後処理的な活動では、社会問題の根本的な解決には至らなかった。そのため孫三郎は、事前的な解決策を科学に求めたのである。社会の問題は構造的で複雑さを増していた。資本主義の発展による構造的矛盾や不合理、貧富の格差が目に余るようになった当時、第一次世界大戦、ロシア革命を経て、階級対立的な過激な思想が日本にも流入してきた。

儒学的教養を幼少から身につけ、二宮尊徳の思想からも感化を受けていた孫三郎は、中庸や調和を尊んだ。また、先祖の努力を否定することなくそれに報いることに努めると同時に、子孫とは先祖の誤りを正す存在であるという考えを孫三郎は持っていた。このような孫三郎は、家業として受け継いだ地主として、また企業経営者として、バランスある問題解決の方法を求めたいと願っていたのであった。

しかし、労働問題や貧富の格差の問題は、あまりにも大きく、根深く広がっていた。その解決策は容易には見つからなかった。対策を徹底的に研究して実施する必要があると孫三郎は痛感し、研究所を設置したのである。大原社会問題研究所を設立するにさいして、孫三郎の訪問を受けた京都帝国大学の河上肇は、まずは自らの思想的立場を決し、明らかにすることからスタートするべきではないかと孫三郎に語ったという。それに対して孫三郎は、「自分の思想がきまっておれば、研究所をつくって研究する必要はない。思想的立場が決まらないから研究所をつくるのだ」と返答した。

孫三郎は、社会問題を根本的に防止する策を講じたいと考えたが、どうするべきかわからなかった。そのため、科学に新しい期待を寄せたのである。孫三郎は、科学的手段がバランスある解決策の発見に貢献してくれると感じ取っていたにちがいない。

福沢諭吉の語った夢

孫三郎と接点のあった大内兵衛は、福沢諭吉が一八九三年（明治二十六年）十一月十一日に慶應義塾で語った「夢」を孫三郎が実現したと語っていた。[21] 福沢諭吉は、「一種の研究所を設けて、凡《おおよ》そ五、六名乃至《ないし》十名の学者を撰《えら》び、之に生涯安心の生計を授けて学事の外に顧慮する所なからしめ、且《かつ》その学問上に研究する事柄も其方法も本人の思うがままに一任して傍《はた》より喙《くちばし》を容《い》れず、其成績の果して能《よ》く人を利するか利せざるかを問わざるのみか、寧《むし》ろ今の世に云《い》う実利益に遠きものを択《えら》んで其理を究《きわ》め、之を究めて之に達せざるも可なり、之が為めに金を費して全く無益に属するも可なり、其人の一生涯に成らざれば半途にして第二世に遺《のこ》すも可なり、或は其人が病気の時に休息するは勿論、無病にても気分に進まざる時は中止す可《べ》し、勤《つとむ》るも怠るも都《すべ》て勝手次第にして、俗に云えば学者を飼放し又飼殺しにすることなり。（中略）所謂《いわゆる》飼放しは其勉強を促すの方便にして、俗界に喋々《ちょうちょう》する規則取締等こそ真に学思を妨るの害物なりと知る可し。（中略）或は右の如く計画しても、十名中に死する者もあらん、又は中途にして研究所を脱する者もあらん、又は不徳義にして怠る者もあらんなれども、十名共に全璧《ぜんぺき》ならんことを望むは有情の世界に無理なる注文にこそあれば、十名の五にても三にても、（中略）確乎《かっこ》たる者あれば以て足る可し。一人の学力能《よ》く全世界を動かすの例あり。期する所は唯《ただ》その学問の高尚深遠に在るのみ」と語っていたのであった。(22)

衣食の心配があるから学者は充分な学問をしないのである、だから、そのような心配は無用となるような待遇を提供し、成果不問の自由な研究を可能とするような学問研究所をつくってみたい、という福沢が壮年から抱きつづけた夢を、孫三郎が三つの研究所でまさに実践したのであった。

第六章　芸術支援――大原美術館と日本民藝館

一　文化の種は早くから蒔くべし――大原美術館

公私ともに難局にあっても必要ならば放棄せず

大原孫三郎が心血を注いだ分野は、経済や社会、地域、学術のみならず、文化や芸術にも及んでいる。後世に残っている実の一つが倉敷市の美観地区にある大原美術館である。孫三郎は晩年、手がけた事業を回顧して、「心血を注いで作ったと思っているものが案外世の中に認められず、ほかのものに比べれば、あまり深くは考えなかった美術館が一番評判になるとは、世の中は皮肉なものだ」と語ったこともあったという。

この言葉は、孫三郎が大原美術館を適当につくったということではない。農業研究所をはじめとする科学研究所などは、立場や体験に基づいて、社会の現状を改良したいと心底考えた孫三郎が、腹案としてずっとあたためてきたものを試行錯誤で形にしたものであった。それらに比べると、西洋絵画の蒐集と美術館創設は、孫三郎が考えてきたものではなく、児島虎次郎との縁によって着手したものであったので、このような表現になったのだろう。

孫三郎には、「景気は好況、不況、好況、不況と回転する。しかし、文化の種は早くから蒔《ま》かなくてはいけない」という考えがあった。四十七歳で早世した親友、虎次郎との友情の証として孫三郎が大原美術館を創設した一九三〇年（昭和五年）前後は、孫三郎にとって公私ともに苦しい状況が続いていた。前年には、ニューヨーク証券取引所での株価暴落に端を発した世界恐慌が発生し、倉敷紡績も不況のあおりを強く受けていた。プライベートでも、かねてから胆石を患っていた寿恵子夫人が、美術館の地鎮祭一週間後に病没してしまうという悲しみに直面した。しかし、そのような状況のなかでも孫三郎は、美術館設立構想を放棄することはなかった。

一歳違いの「心友」児島虎次郎

大原美術館は、大原孫三郎と画家、児島虎次郎の友情に端を発している。虎次郎は、東京美術学校（現在の東京藝術大学）西洋画科選科で、黒田清輝《くろだせいき》（一八六六－一九二四）などに師事していた。同級生の一人には青木繁《あおきしげる》（一八八二－一九一一）がいた。虎次郎は、昼に絵画を学び、夜は暁星《ぎょうせい》中学校でフランス語を勉強していた。

虎次郎は、一九〇二年、有為の学生に対して大原家が学資支援を行っていた大原奨学生（第八章で詳述）の面接を受けるために孫三郎にはじめて会った。

孫三郎の秘書、柿原政一郎が明かしていたところによると、孫三郎は虎次郎と対面したさいに「何の目的で画家になるのか。金もうけか出世か」と尋ねたという。虎次郎は、真に優れた画を描いて美術界に貢献したいと答えた。孫三郎は、虎次郎の誠実さに打たれ、手厚い支援は虎次郎が死去するまで続けられた。(1)

欧州留学と洋画購入の要請

一九〇七年（明治四十年）に虎次郎は、東京府主催勧業博覧会の美術展に「里の水車」と「なさけの庭」という二作品を出品し、一つが一等入選、もう一つが昭憲《しょうけん》皇后の目にとまり、宮内省お買い上げとなった。大喜びした孫三郎は、虎次郎に五年間もの欧州留学をプレゼントした。

その後の一九一九年（大正八年）にも孫三郎は、いっそうの勉強のためにということで二度目の欧州留学を虎次郎に許可した。このとき虎次郎は、ロンドンに到着するなり、「日本の若い画学生のために、本場の名画を蒐集して帰りたい」と孫三郎に絵画購入を希望する葉書を送った。虎次郎は、幸運な自分は孫三郎の支援で本場の名画を直接見て勉強することができるが、日本で勉強している人たちには、一流の西洋絵画を目にする機会がほとんどないと考えたためである。
孫三郎は即答はしなかった。西洋絵画を購入することなど孫三郎は考えていなかっただろうし、金額も決して安くはなかったためだと想像できる（ちなみに後に虎次郎が購入したエル・グレコの「受胎告知」は十五万フラン、日本円で約五万円だった）。しばらくの時を経て「絵を買ってよし」という許可を孫三郎から得た虎次郎は、画商には頼らず、自分の眼識にそった作品を買うべく、モネなどの画家を直接訪ね歩いて絵画を蒐集した。(2)

蒐集した洋画を即時に一般公開

モネの「睡蓮《すいれん》」やマチス、コッテ、デヴァリエールなどの西洋絵画を蒐集した虎次郎は一九二一年（大正十年）に帰国した。孫三郎は、大原邸近くの倉敷小学校新川校舎で「現代仏蘭西《フランス》名画家作品展覧会」を開催した。倉敷駅から会場まで、長蛇の列ができるほどの好評に孫三郎は驚いたという。

その年末には、虎次郎がアマン＝ジャンに購入を依頼していた作品が到着したことを受け、第二回目が、また一九二三年には第三回目の展覧会が開催され、全国から人が訪れた。(3)

孫三郎の父方の祖父（岡山市の儒家）は浦上玉堂や頼山陽とも親交があった。父も伝来の日本や中国の書画骨董を多々有し、愛好していた。そのため、孫三郎も幼少期から東洋美術に囲まれて育ち、客間などの掛軸のかけかえは、少年時代から孫三郎の役目となっていた。このような環境で育った孫三郎は東洋美術を好み、鑑識眼を身につけ、郷土の雪舟《せっしゅう》や玉堂の書画を蒐集するようになっていった。そのいっぽうで、西洋画については、鑑識眼も知識も関心もほとんど持っていなかった。

実際、孫三郎は、欧州留学中の虎次郎に出した書簡で洋画をさして、「小生は画の事は素人なれど」と記述していた。また、短期間に集められた西洋の美術品がどの程度の価値を持っているのか、孫三郎は一抹の不安を持っていたと息子の總一郎は回顧していた。(4)

展覧会の実況記事

第二回展覧会を訪れた広島出身の洋画家、辻永《つじひさし》（一八八四―一九七四）は、一九二二年（大正十一年）の元日の夕方に東京駅を出発して翌日の昼過ぎに倉敷に到着したさいの様子を次のように紹介していた。(5)

「この町の名物の一つになった此名画展覧を見ようとして、此駅に降りる多数の人でプラットホームは一杯に」なり、展覧会場は「下車した列車から吐き出された沢山の観覧者で一杯」であった。「此観覧者の総ては、帝展辺りのそれとは又趣《おもむき》を異にして、皆非常な熱心を以て遠きは東京、九州、近きも京都、大阪、神戸、広島、岡山辺りから集まって来た斯道鑑賞研究の熱心家ばかり」で、小学校の校舎の天井を白布で、壁面を渋い暗い色の布で覆った「立派なギャレリー」に「陳列された総数三十四点、とにかくこれ丈《だ》け実のある見ごたえのする各作家の作品展覧会は本場の巴里《パリ》でも容易にはあり得ないと思う。遥々此処《はるばるここ》までやって来た事の愈々《いよいよ》有意義であった事をしみじみ思う」。さらには、「真実こんな立派な会場は東京にも全く無い。此の急ごしらえの気持ちの良い会場を作り上げた児島氏の努力と熱心とに感心すると同時に、自分は我が住む日本、我が住む東京の此種教養に向っての何等の施設なき何等の機関なきその貧弱さを痛切に感じ痛切に嘆かずには居られなかった」という感想を記していた。

美術館設立構想

辻はさらに、「東京に立派な美術館があるものと、彼地の人々は心得て居るだろうが、何という皮肉、何というみじめさであろう。近々の中《うち》に此れ等の作品を容れる美術館を大原氏が建てられるそうだが一刻も早く実現されん事を望んでやまない」と孫三郎の美術館構想を耳にしていた。辻のこの紹介記事から半年ほど経過した後には、孫三郎の美術館構想が新聞で次のように報道されていた。

「社会問題の研究に美術品の蒐集展観にそれぞれ貢献しつつある大原孫三郎氏は予《かね》て岡山県倉敷に美術館を建設してその所蔵にかかる泰西名画名陶器類を陳列一般に公開する計画をもっていたが氏はその顧問役である洋画家児島虎次郎氏の建議に従い鉄筋コンクリート建ての計画を捨ててわが国に最初の石造美術館を建設する事にした。そしてこれと同時に泰西名画及び名陶器類をもっと大々的に蒐集する事とし児島氏はその嘱を受けて既に渡欧したからいずれ遠からず名品到着して新美術館と共に異彩を放つであろうがかかる名品を直ちに田舎にしまい込むのは惜しいとの声もあるので新品到着の上は在来のものも一緒にして約一万円の経費で一度東京に大々的に展覧会を開こうとの議がある[6]」

展覧会への人々の関心を看《み》てとり、その社会的な意義を確信した孫三郎は、美術館創設を念頭に、さらなる絵画蒐集のための渡欧を虎次郎に依頼したのである。そして、虎次郎が三度目の欧州滞在から戻ると、それ以降、倉敷だけでなく、東京や京都でも大原家所蔵の泰西名画展が開催された。この活動によって孫三郎と虎次郎は一九二八年（昭和三年）にフランス政府より美術功労者として勲章を授与された。

虎次郎によるフランス風の美術館構想

美術館建設は、虎次郎が孫三郎に持ちかけていたことがわかっている。いつ頃からかは明白ではないが、先にふれた新聞報道の中でほぼ虎次郎の構想どおりの内容が示されていることから、この新聞報道の前（おそらく帰国して第一回、第二回の展覧会が開かれた頃）には、美術館建設を考えていたものと想像できる。

虎次郎は、自身のアトリエのあった酒津《さかづ》（現倉敷市）の無為村荘《むいそん》の敷地内にフランスの田舎家風の石灰岩造りの美術館を建てるという構想を打ち出し、一九二七年（昭和二年）のはじめには大理石の見本などを取り寄せはじめた。

孫三郎も虎次郎の計画に賛成し、一九二七年七月十三日には、孫三郎、虎次郎、大原奨学生出身の建築家、薬師寺主計《やくしじかずえ》（一八八四—一九六五）、藤木《ふじき》工務店の藤木正一社長などの関係者による打ち合わせが行われた。このとき薬師寺は、地震国の日本とフランスとでは事情が異なるので、石灰岩造りの建物は適切ではないと虎次郎の構想に反対し、両者は対立した。この構想は結局、まとまることなく、時間が流れていった。

虎次郎との信頼関係と友情

児島虎次郎も孤児院に頻繁に出入りし、院内で写生を行っていた。石井十次も虎次郎を気に入り、十次の長女、友子《ともこ》が後に児島夫人となった。十次は、虎次郎が、自分の後を継いで岡山孤児院を運営していくことを希望した。しかし、孫三郎は、画家としての虎次郎の能力を尊重して、そのことには反対した。

虎次郎は、孫三郎の依頼を受けて本格的に絵画を蒐集するために、一九二二年（大正十一年）に三度目に欧州へ行ったさい、友子夫人に次のような書簡を出していた。「今回も大原様の特別なる加護を受けたる事を感謝すればするほどに、今回の旅行は非常なる責任と義務を要すべきことにて、とても一通りの力にては勤まり申さずと存じ候。ただ天命の導きによりてこの重命を全うすべく誓い申し居り候」[7]。この虎次郎の書簡からは、虎次郎を信じて欧州に送った孫三郎とそれに精一杯応《こた》えようとする虎次郎の、二人の信頼関係がうかがえる。

虎次郎の死と美術館の創設

だが、寝食を忘れて創作に打ち込んでいた虎次郎は一九二八年（昭和三年）九月十一日に、脳溢血で倒れた。一時小康を得たが、再発し、翌年の三月に虎次郎は早世してしまった。享年四十七だった。

葬儀で孫三郎は、「君は僕が本当に心から信じていた友達の一人であった。（中略）僕は今君と最後の別れをなすに当って、心から君に謝する」と虎次郎に語りかけた。

虎次郎を偲《しの》ぼうと考えた孫三郎は、本章冒頭にふれたように、経済的に困難な時期であったにもかかわらず、虎次郎の作品、そして虎次郎が蒐集した西洋絵画を展示する美術館の建設を考えた。

孫三郎は、「大原美術館設立趣意書[8]」のなかで、「生涯を通じて研鑽《けんさん》に心血を傾倒」、「日に夜を継いで研究に心を砕き」、「毎年その力作を巴里の展覧会に送って居りました」、「懸命の努力をつづけた」と虎次郎のことを振り返っていた。また、「誠に感嘆に値した」、「残念に堪えぬ」という表現でもって自分の感情を吐露していた。当初は、児島画伯記念館という名称を孫三郎は考えていたが、周囲の意見を聞き入れ、大原美術館と定めた。

これらのことに鑑みると、孫三郎が大原美術館を設立した最大の理由は、前述したとおり、やはり児島虎次郎との友情であったことは明らかである。そして、その友情のなかには、孫三郎の人を信じる心が含まれていた。このような孫三郎の姿勢と信念が、虎次郎との友情を美術館という形で具現化させたといえよう。孫三郎は人を信じたらとことん信じ、「これは」と見込んだことには迷うことなくお金を出したという孫三郎の孫（總一郎の長男）、大原謙一郎《けんいちろう》の言葉は、[9] まさに美術館創設についても当てはまるのである。

社会一般への富の還元

孫三郎が美術館を設立しようと考えた背景には、もう一つ、社会への富の還元、社会貢献を挙げることができる。そもそも、虎次郎が絵画蒐集を孫三郎に依頼した動機も、自分自身のためではなく、自分以外の画学生の勉強のためであった。

孫三郎は、実際、「いささかなりとも同君の生前の仕事が斯道に志す人達或は一般愛好者の御役に立てば仕合せと思います」、「将来此美術館が少しでも世に貢献する所があれば児島君も地下に満足する所であり、私の微意もその目的を達する次第で御座います」と「設立趣意書」のなかで述べていた。

ここからわかることは、孫三郎は設立のさいに、虎次郎のため、画学生のためのみならず、明確に社会一般の民衆のためを意識していたということである。

現在、大原美術館は、「大衆のために開かれた美術館」であることを特に重視しているが、この理念は設立時から脈々と続いてきたものであったことがわかる。

1926年５月竣工の今橋と大原美術館（筆者撮影）

すでに、大原農業研究所、大原社会問題研究所、倉敷労働科学研究所、倉紡中央病院を設立して、身近な人々のみならず、社会一般にも目を向けていた孫三郎は、富者である自分の役割を認識して、芸術、文化の面でもリーダーシップを発揮したのであった。

「大原美術館はルーブル」であった

大原美術館のつくりは、石造りのように見える擬石《ぎせき》を用いた鉄筋コンクリート造のギリシャ神殿風で、正面入り口の両側には、虎次郎と美術館を設計した薬師寺主計が欧州で相談しながら購入したロダンの「洗礼者ヨハネ」と「カレーの市民」像が配置された。

しかし、一九三〇年（昭和五年）の開館当初は、入館者がゼロの日もあり、多くの非営利的な活動を手がけてきた孫三郎にとってもその行く先を憂慮する存在であった。では、その後の大原美術館は、日本における西洋美術にとって、どのような位置を占めてきたのだろうか。

二代目館長の藤田慎一郎《しんいちろう》（一九二〇－二〇一一）は、芸術家や美術学校の学生にとって、日本に西洋美術の本質を最も早く紹介した戦前の「大原美術館はルーブル」であり、「倉敷はパリ」であったという話を彫刻家の柳原義達《やなぎはらよしたつ》（一九一〇－二〇〇四）から聞いていた。(10)

その後、一九五二年に、代表的な西洋美術館の一つであるブリヂストン美術館（大原美術館と同様にモネの睡蓮も所蔵）が企業経営者の石橋正二郎によって東京に創設された。大原コレクションと同時期に蒐集された「松方コレクション」の一部（第二次世界大戦後に政治交渉によってフランス政府から返還されたもの）を展示することを主目的として、国立西洋美術館が開館されたのはブリヂストン美術館から遅れること七年であった。

倉敷を爆撃から救ったとの説

また、戦時中には美術館が倉敷への爆撃回避の一因にもなったとの説がある。美術館開館から二年後の一九三二年（昭和七年）に、満州事変後の状況調査のために国際連盟から派遣されたリットン調査団の一部の人が私的に大原美術館を訪れた。そして、「中央集権の独裁国だと思っていた日本の片田舎に、このような文化財が公開されているということは、調査団の先入主を改めさせる好材料だ」と喜んで帰っていったということを總一郎は伝えていた。(11)

現在までのところ、倉敷の爆撃回避に美術館が一役買った可能性を裏付ける根拠は発見されていないが、建築学者の上田篤《うえだあつし》は次のような見解を示している。「奈良、京都、金沢は古代、中世、近世の日本文化を系統的に数多く包蔵している由緒ある町であるが、倉敷は必ずしもそうではない。（中略）アメリカ戦略空軍が倉敷の町の日本文化に着目し、それを保存しようとしたとはとうてい考えられない。それはむしろ日本文化ではなくて西欧文化——すなわち大原美術館に収蔵された西欧の印象派前後の数々の名品のせいなのである。アメリカの軍人たちは自らの文化を灰燼《かいじん》に帰するにしのびなかったのである。つまり一個の美術館が町を救ったのである」と。(12)

現在の大原美術館

「大原（美術館）は（絵の）値段で話題になったことはない。しかし、ほかの意欲的な美術館、特色のある美術館はたいてい値段で話題になった絵がある。そういう形で美術館を有名にしようと逆手にとっているところもある。それは正常じゃない」と詩人、評論家の大岡信《おおおかまこと》は指摘している。(13)

日本において「西洋美術館」の概念をつくり上げたのも、大原美術館の大きな業績である。印象派をはじめとする多くの一流の西洋絵画に接する機会を提供し、洋画を見る目と愛好家を日本に根づかせることに貢献したといえるのではないだろうか。大原美術館について最もよく使われる修飾語は、「日本最初の本格的な西洋美術館」や「日本初の西洋近代美術館」という表現である。

ちなみに、第四章でもふれたが、孫三郎は、腹案としてきた公会堂設立の代わりとして、現在の大原美術館と新渓園のある土地（約二千坪）と建物（五棟約百五十坪）を現金一万円とともに、一九二二年（大正十一年）十二月に倉敷町に寄付した。このため、大原美術館は、開館当初に設立された正面玄関のある一部の建物（旧本館）以外の建物（徐々に増築された分館など）については、現在も倉敷市に借地料を支払っている。

このような大原美術館は、現在、独立採算制で、入館料収入を中心に、寄付も募りながらすべての運営を行い、民間の立場から自由に、また、公共性を重視した活動を展開することを追求している。現理事長の大原謙一郎は、政治や経済の担い手だけでなく、文化分野に携わる人間も国際理解や交流などを手始めに様々な分野で積極的に役割を担って貢献する時代、すなわち「文化が汗をかいて働く世紀」であると訴えかけ、積極的な教育普及活動にいっそう力を入れている。

地域還元には特に力を注いでいるため、地元の幼稚園、小学校、中学校、高等学校などとも連携して、「お母さんと子供のための特別展」、「サラリーマンのための週末美術館」、「お母さんと子供のための音楽会」、そして「ギャラリーコンサート」など、多くの企画が継続的に展開されている。

地域に根づく美術館のイベントは、倉敷から決して離れなかった孫三郎、そして總一郎から脈々と続いてきた姿勢と考えを受け継ぎ、発展してきたものともいえるかもしれない。

二　日本民藝館——柳宗悦たちへの支援

民芸運動の推進

「文化の種は早くから蒔くべし」と考えていた孫三郎の文化、芸術支援は、西洋絵画の蒐集と大原美術館の設立のみではなかった。ここでは、もう一つの例として、柳宗悦《やなぎむねよし》を中心とする民芸運動への支援を見てみよう。

民芸運動は、地域の風土や習慣、伝統のなかで培われてきた名もなき職人による民衆的工芸、いわゆる民芸のなかに見受けられる「健全な美」への認識を高めていくことを目的とした運動である。これは、柳宗悦（一八八九―一九六一）、濱田《はまだ》庄司《しょうじ》（一八九四―一九七八）、河井《かわい》寛次郎《かんじろう》（一八九〇―一九六六）、富本憲吉《とみもとけんきち》（一八八六―一九六三）などが中心になって展開された。

浅川兄弟と朝鮮白磁

柳宗悦が民芸美に目覚めたきっかけは、一九一四年（大正三年）の浅川伯教《あさかわのりたか》（一八八四―一九六四）の訪問であったといわれている。現在の韓国ソウルで教員を務めながら彫刻家を志していた浅川は、朝鮮白磁《はくじ》を土産として持ってきた。その美しさを目にした柳は、それから二年後にはじめて朝鮮を訪れ、それ以降、生涯を通じて二十一回も朝鮮の地を踏んだ。

当時の朝鮮では、儒教の大きな影響もあって、手を使う職人は尊敬の対象にはなっておらず、民衆が使用する工芸品の価値も見出されていなかった。朝鮮白磁をはじめとする朝鮮の芸術に魅了された柳宗悦は、この状況を不思議がり、各地をまわって民芸品を蒐集した。

民族と芸術の表裏一体性（たとえば、この民族だから、この自然環境だから、このような芸術が生み出されたというようなこと）を確信した柳は、無名の工人がつくったもののなかに美を認めると同時に、白磁などの芸術品を生み出す朝鮮民族にも敬愛の眼差《まなざ》しを持ちつづけた。

朝鮮民族美術館の設立と日本での蒐集

柳は、浅川伯教とその弟の巧《たくみ》（朝鮮の林業試験場勤務、一八九一－一九三一）を通じて朝鮮の工芸美、歴史、朝鮮人についての知識を深めていった。柳と浅川巧は、ゆくゆくは「朝鮮民族美術館」を設立しようと考えながら朝鮮の工芸、芸術品を蒐集した。そして、一九二四年（大正十三年）三月、朝鮮民族美術館（現在の韓国民俗博物館につながるもの）をソウルの景福宮神武門外に誕生させた。柳は、その土地で生まれた物はその土地にかえることが当然であって、朝鮮の職人の作品は、朝鮮の土地に置くべきだという考えを有していたのであった。

柳たちはその後、日本でも各地域をまわって民芸品の調査・蒐集を行い、伝統的手工芸の保存と振興を指導した。また、民芸美についての認識を啓蒙《けいもう》する執筆活動、出版活動も行いながら運動を展開していった。柳たちの土着性を重視する姿勢は、朝鮮でも日本でもいっこうに変わりはなかった。

孫三郎と民芸の出あい

いっぽうで、孫三郎もまた、「文化というものは中央に集まるのはよくない。地方にあるからこそよいのだ」という考えを持っていた。これまでふれてきたように、孫三郎は、倉敷や岡山の経済、生活、知識、文化レベルを向上させることを第一の使命ととらえていたためといえよう。西洋美術館の設立を考えたさいにも、大阪財界の友人から、「倉敷のような地方につくるより、東京や大阪といった大都市につくったほうが入館者も多くて運営も楽だろう」という忠告を得たが、耳を貸さなかった。

倉敷では一九二一年（大正十年）に倉敷文化協会が設立され、美術品展覧会と文化講演会が催されるようになった。そして、この協会と孫三郎を中心にした文化重視の運動が高まっていった。

孫三郎は常々、倉敷にはこれといった土産物がないので、地域に根づいた文化的産物が必要だと考えていた。そこで、一九二三年頃から孫三郎たちは、そのような特産物の候補として、木工品、酒津陶器、藺草製円座などに着目し、製作活動を支援するようになった。

濱田や柳たちとの出会い

この倉敷の民芸運動とでもいうような活動は、児島虎次郎も中心的役割を果たしたが、虎次郎亡き後は、孫三郎の主治医、三橋玉見《みはしたまみ》（一八八二―一九三九）や大原美術館の初代館長の武内潔真などがリードした（三橋も武内も愛媛出身の元大原奨学生）。そのような気運のなかで、孫三郎たちは、柳宗悦たちの民芸運動と出あい、共鳴し合いながら支援を行ったのであった。

孫三郎と濱田や柳などの民芸運動家を結びつけた人物は三橋であった。三橋を通じて孫三郎は濱田の作品に傾倒するようになり、一九三二年（昭和七年）には、濱田の作陶展覧会が倉敷商工会議所で開催された。このときに孫三郎は、柳宗悦とはじめて顔を合わせ、民芸論や民芸運動についての詳細な話を聞いた。

この出会いを契機に、孫三郎は柳たちを支援するようになった。そして、柳、濱田、河井、富本、バーナード・リーチ（一八八七―一九七九）、芹沢銈介《せりざわけいすけ》（一八九五―一九八四）などの民芸作家が倉敷を頻繁に訪れるようになり、倉敷では民芸熱が高まっていった。

現在も倉敷の美観地区には倉敷民藝館が開館している。また、土産物店をのぞけば、手工芸品を多々目にする。倉敷と民芸の関係を知らない人は、なぜだろうと思うかもしれないほど手工芸品は至るところに置かれているのである。

朝鮮民族美術館と同じものを日本にも

柳が日本民藝館設立の構想計画をはじめて実際に語ったのは、朝鮮民族美術館の設立から二年後の一九二六年（大正十五年）、河井寛次郎、濱田庄司と出かけた高野山《こうやさん》の山寺でのことであった。

このような希望を抱いてから、一九三六年（昭和十一年）に、日本各地から蒐集した民芸を展示する日本民藝館が東京の駒場《こまば》に創設されるまでの経緯について、柳は次のように回顧している。[14]「吾々が発願して此の仕事の端緒についたのは大正十五年のことでした。趣意書を印刷し吾々の目的を公開しました。早くも多くの既知未知の友から好意ある援助を受けたのです。かくして諸国に蒐集の旅を重ね、先ず展覧会を介して其の結果を世に問いました。（中略）凡《およ》そ十ケ年余りの準備時代が過ぎました。遂《つい》に民藝館設立が具体化されたのは昭和十年の秋十月でした。之は全く大原孫三郎翁の好誼《こうぎ》によるものであることを銘記せねばなりません」。

また、「何たる幸なことであろうか。それは昭和十年五月十二日のことであった。大原孫三郎氏が、その頃漸《ようや》く建て終った私の家を見にこられた。それは野州《やしゅう》地方でのみ発達した石屋根の建物で、もと長屋門として用いられていたのを移したのである。その折共に集ったのは山本《やまもと》為三郎《ためさぶろう》、武内潔真、濱田庄司、バーナード・リーチの諸兄であったと記憶する。卓を囲んで談が偶々《たまたま》民藝のことに及んだ時、大原氏から次の様な意味のことを話し出された。『十万円程差上げるから、貴方《あなた》がたの仕事に使って頂きたいと思うが、凡《およ》そその半額を美術館の建設に当て、

東京駒場の日本民藝館本館（日本民藝館提供）

残りの半分で物品図書などを購入せられてはどうか』。その折の大原氏の慇懃《いんぎん》な言葉と、尽きない好誼とに対して、私達は充分な辞さえなかった。私達が永らく希願して止まなかった一つの仕事が、これによって実現せられるに至った」と、柳はそのときの状況を詳細に描写していた。

身をもっての民芸支援

日本民藝館の一九三六年（昭和十一年）十月十四日の開館式に合わせて、孫三郎は上京するつもりであったが、都合により参列できなかった。しかし、約二週間遅れで日本民藝館を訪問した孫三郎は、豪農の石屋根の長屋門（栃木県の日光《にっこう》街道沿いにあったものを移築）やそれに付随した母屋（日本民藝館の現西館、旧柳宗悦邸）の向かい側に建った民藝館（日本民藝館の現本館）の豪壮さに大いに満足した。

日本民藝館をはじめて訪ねた後、孫三郎は、三橋玉見や武内潔真などとともに、足をのばして栃木県益子《ましこ》の濱田を訪問した。欧州留学中の總一郎に宛てた一九三六年十一月十四日付の書簡には、茶碗《ちゃわん》六個と水差し一個を濱田に手伝ってもらいながら轆轤《ろくろ》でつくったこと、そのうちの茶碗一個をロンドンへ送ったこと、茶を呑《の》むときに使ってほしいことなどを書いていた。孫三郎はこの後も何度も益子を訪問していた。

孫三郎は、濱田、河井などが「民藝館の出来た事を喜んで居るようである。この事は自分のやった事の内で最も意義があったと思って居る」とも總一郎へ書き送っていた（一九三七年十一月七日発信）。

また、用と美を両立する民芸の推進者に共鳴した孫三郎は、民芸作品を積極的に生活に取り入れて、自らも身をもって普及の一翼を担った。京都北白川《きたしらかわ》の別邸の庭が完成したさいには、民芸茶碗や手造りの水差しなどを使った茶会を開催するなど、茶席や日常生活で努めて民芸品を実際に使用した。

たとえば孫三郎は、河井の蓋物《ふたもの》に焼き芋を入れたり、濱田の大皿にカレーライスを盛って客人に出すなど、人を招いては使い方を示した。蒐集する楽しみのみに興じるのではなく、民芸を実用生活に調和させるための工夫を凝らしながら孫三郎は民芸の普及、発達に寄与しようとした。

また、茶人としても名の通っていた孫三郎は、多くの茶人が在銘や箱書きばかりを気にして古器のみに傾倒すること、自己判断なく無条件に権威の評価に敬服することの弊害を指摘し、民芸美を認識することの重要性を強調していた。

この「用」ということに関していえば、孫三郎の求めた芸術は「用」としての側面を強く持っていた。「遊びの中にも芸術への志向」があった孫三郎の趣味について薬師寺は、「人生の一部であって、贅沢品や装飾物ではなく、生活から切り離すことの出来ない普段着のような、ほとんど実用化したとさえ見受けられた」ものだったと回顧していた[15]。この点も、次に述べる理由と相まって、用途の美を尊んだ柳の民芸論に孫三郎が共鳴した所以といえよう。

柳の民衆重視の姿勢

では、なぜ孫三郎は、民芸運動の推進者をそれほど支援したのだろうか。柳たちと意気投合した点を以下に順に追ってみることにする。

柳宗悦は、芸術を貴族的美術と民衆的工芸とに区分してとらえた。貴族的美術作品は、個人が由緒にこだわりながら個性を追求して創作する作為的・個人的・私的なものだというのであった。それに対し、民衆的工芸は、名もない職人が、ごく一般の誰ともわからぬ人たちの用途のために日常的に製作する無意識的・非個人的・公的なものだと柳は説明していた。

民衆は凡庸なもの、実用品は低調なものとみなされてきた歴史にふれながら、歴史的に見捨てられ、顧みられることのなかったそれらのもののなかに、美と健全さがあると柳は訴えかけていた。

いっぽうで柳は、「民衆的」工芸に対比する概念として、「貴族的」美術品という言葉を否定的に使っていた。歴史的に尊重されてきた貴族的な物品には真に美しいものが少なく、馬鹿にされてきた民衆的物品に美しいものが無数に存在することに気づいたと柳は言っていたのであった。

孫三郎の民衆重視の姿勢

民衆という視点を重視した柳たちの姿勢は、まさに孫三郎に通じるものであった。柳が「民衆的」の反対として用いた「貴族的」という言葉を孫三郎も否定する意味合いで使っていた。欧州視察中の總一郎に宛てた一九三六年（昭和十一年）七月十四日付の書簡で、「旅行は貴族的旅行でないように注意の事。一社員の旅行である事を忘れぬよう」と孫三郎は戒めていたのであった。

すでにふれたが、たとえば、大学・高等教育の地方化ともいえる倉敷日曜講演は倉敷の民衆を、倉敷労働科学研究所は倉敷紡績の工場労働者を、大原農業研究所は倉敷の農民を、岡山孤児院支援はまさに生活難のあおりを受けた民衆の子供を見据えての支援であった。民芸運動への支援も含め、多岐にわたる孫三郎の社会文化貢献事業の根底には、民衆重視の姿勢があったのである。

地方文化の価値を尊重

柳の民芸論には民衆重視の姿勢と両輪をなす形で地域重視の姿勢が備わっていた。地方の農民の実用品に魅《ひ》かれた柳は、都市の生活が進んでも、地方の価値を忘れ去ってはいけないと主張していた。柳は、地方にこそ豊富な文化価値が存在するのであって、特色ある地方があってこそ、国の独自性というものは確保されていくと考えていたのであった。

このような、民芸が生み出された地域、風土、歴史、生活を重視する柳の姿勢も、孫三郎の地域重視の姿勢に重なる。孫三郎の事業は、倉敷や岡山という地域重視の視点を除外しては決して説明のつかないものである。教育や医療の充実、インフラの整備や町の活性化、産業・文化・芸術の振興努力など、地域社会との関わりを孫三郎は常に念頭に置いていたのであった。

反骨精神と行動力

柳は、軍国主義や権威主義を嫌い、日本の朝鮮統治に対しても紙上に異論を発表するなど、他者と異なる価値観を示すことを厭《いと》わなかった。学習院時代に、当時の学習院院長、乃木希典《のぎまれすけ》（一八四九－一九一二）を前にして軍国主義を批判し、退学させられそうになったエピソードは有名である。柳には、信念を実践する行動力と反骨精神が存在していたのであった。

柳が民芸美を推進しようと思った理由のもう一つは、そのような考えを提示する人物が他にいなかったからであった。そのため、柳はこれまでの「一般常識」に挑戦して価値観を転換させようと考えた。柳は、時代や権力、その他大勢に迎合するのではなく、反抗心と直観でもって、新たなことに挑戦して時代を切り開こうとしていたのであった。

「反抗の生涯だと自らもよくいって」いた孫三郎の「多くの事業への意欲は、一種の反抗的精神に根差し、あるいはそれにささえられたものがまれでなく、単なる理想主義的理解では解釈しがたいものが多々その中にあ」り、「何かを決意する時は、いつも、何らかの感情的な反発を動機とするのが常であった」と總一郎が述懐していたように、孫三郎もまた、反抗心、迎合しない態度という特徴を持っていた。このような性質はまさに柳と共通するものであった。

つまり、孫三郎は、柳のこれらの姿勢に自分の姿勢を見たがゆえに、民芸運動に共鳴して、多大なる応援をしたと考えられるのである。

孫三郎は、逝去の前日に民芸の夢を見たことを告げていた。詳細はわからずじまいであるが、「夢の中で柳宗悦が何かを欲しがっていた。あれは何とかしてやらねばなるまい」と言っていたというのであった。

三　その他の芸術家支援と孫三郎の特徴

何にでも、誰にでも支援するにあらず

孫三郎を社会事業家ととらえて、寄付を要求した人物も多かったようである。しかし、濱田庄司は、東京の旅館に突然金銭を無心に来た社会事業家を名乗る人物に対して孫三郎が「いいことばかりに金を出しているのとは違う」（いいことならば何にでも金を出すわけではない）とはっきり断った場面を目にしたことがあった。孫三郎は何にでも、誰にでも支援を行ったわけでは決してなかった。信念と理想、人間関係が大きな鍵《かぎ》だったことは、本章の芸術支援に目を向けても明らかである。

反抗心のある人物を応援

児島虎次郎や柳宗悦、濱田庄司、河井寛次郎などの民芸関係者以外にも建築家の薬師寺主計、郷土の画家、満谷国四郎《みつたにくにしろう》（一八七四－一九三六）、音楽研究家の兼常清佐《かねつねきよすけ》（一八八五－一九五七）、日本舞踊の井上八千代《いのうえやちよ》（一九〇五－二〇〇四）、日本演劇新派の花柳章太郎《はなやぎしょうたろう》（一八九四－一九六五）、日本画家の土田麦僊《つちだばくせん》（一八八七－一九三六）などに孫三郎は援助を行った。

土田との交流を例に挙げると、土田は、保守的で穏健な文展に対抗して、小野竹喬《おのちくきょう》（一八八八

九一一九七九）たちと国画創作協会を結成した。このような土田の姿勢に共鳴して、孫三郎は手厚く支援したものと思われる。

孫三郎は、土田麦僊の七回忌法要に出席し、追悼記念集の刊行を発案した。そして、記念集が、孫三郎の援助、土田の弟子の集まりである山南会の編集によって刊行された。孫三郎は、巻頭に追悼文を寄稿した。「かつて自分は羽左衛門《うざえもん》丈《じょう》の夫人の羽織裏に橘《たちばな》の絵を描いてもらいたいと頼んだことがある。すると土田君は京都中の神社を回って橘を見て歩き、結局、平安神宮の橘が一番よいといって、それを描いた。（中略）感心した。それ以来、君には滅多《めった》にものを頼んではならぬと思った。その場限りの態度を執らなかった点は実に敬服の外はない」という言葉とともに、孫三郎が所蔵していた土田の代表作の「大原女《おはらめ》」の写真も掲載されていた。

第七章　同時代の企業家たち——渋沢栄一と武藤山治

これまでの章で見てきたように、孫三郎は経済性を追求しながらも守銭奴にはならない、人間性や倫理を重視し、社会や文化、公共のために貢献することも忘れない、つまり、経済と倫理、理と情の両立を追求する経営者だった。では、そのような経営者は孫三郎一人だったのだろうか。それとも、他にもいたのだろうか。本章では、孫三郎と同時代の企業家として、渋沢栄一と武藤山治の二人を紹介しながら孫三郎と比較し、その特徴を明らかにしよう。

一　渋沢栄一

「東の渋沢栄一、西の大原孫三郎」

公共性を重視して活動した企業家としては、様々な名前が挙げられるだろう。しかし、経済活動と社会公益活動の両分野で大きな働きをした人物として、渋沢栄一を欠かすことはできない。

「東の渋沢栄一、西の五代友厚《ごだいともあつ》」という表現がある。これは、関東地域では渋沢が、関西地域では五代（一八三五―八五）が、日本の資本主義、経済界の発展の礎をつくったという意味であるが、事業活動だけでなく、公益性や社会文化貢献事業にも尽力したという側面を考慮した場合、五代ではなく、「東の渋沢栄一、西の大原孫三郎」という表現も可能なのではないか。それほど、渋沢と孫三郎の活動には類似点が見受けられる。実際、小学校の社会科の教科書のなかには、「近代化につくした人々」として渋沢と孫三郎の写真を並列して掲載し、両者を社会貢献を含む近代化に尽力した人物ととらえているものもある（『新しい社会　六　上』東京書籍、一一五頁）。

欧州見聞とカルチャーショック

「日本資本主義の父」、「近代化の父」と呼ばれた渋沢栄一は、江戸末期の一八四〇年（天保《てんぽう》十一年）に現在の埼玉県深谷《ふかや》市に誕生し、攘夷《じょうい》の志士から転じて、一橋家に仕えることになった。そして、一八六七年（慶応三年）、徳川慶喜《とくがわよしのぶ》（一八三七―一九一三）の弟昭武《あきたけ》（一八五三―一九一〇）に随行して、パリでの万国博覧会、そして欧州社会を見聞する機会を得たのであった。

この欧州滞在時に渋沢は、武士が支配する日本社会との違いに気づいた。欧州では、商人の地位の高さが国富につながっていること、また、役人が自国のものを売りこむことは決して恥ではないことを知り、日本の経済や産業の近代化のためには、人々の意識を大きく変えなければいけないことを痛感した。

そして、渋沢は、江戸時代の官学であった朱子《しゅし》学《がく》に起因した、「商人は左の物を右へ取り渡すだけのゆがんだ利益を取る」、「義を重視する武士と異なり、商人は利益を貪《むさぼ》る」という賤商《せんしょう》観《かん》を払拭《ふっしょく》し、政界、官界だけではなく、実業界にも優秀な人材が集まるようにしなくてはならないと考えた。そこで、渋沢は、自身が考えるさいや行動するさいの拠《よ》り所としていた『論語』を基に、「論語と算盤」という表現で道徳経済合一説を唱えた。渋沢は、仁義王道と貨殖富貴が両立されないなどという文言は『論語』のどこにもないと主張して、殖利が義にそむかないことを力説したのであった。

五百の経済事業、六百の社会公益事業に関与

儒教的人道主義者で、国のために尽力するという意識が強かった渋沢は、求められたさいには厭わず、様々な事業活動に尽力した。「財界の大物」といわれた渋沢が関わった経済事業の数は約五百、社会公益事業の数は約六百といわれている。事業数でいえば、社会福祉、保健・医療、労使協調、国際親善および世界平和促進、教育、災害救護などの社会・公共事業のほうが経済的な事業よりも多いのである。

渋沢も孫三郎と同様、金銭を儲《もう》けることだけに専心した企業人ではなかった。経済活動と社

会公益活動の両方に積極的に関わり、経済と倫理の調和を追求した企業家の先駆者であった。
そこで、ここでは、渋沢が関わった社会公益事業のなかでも、特に代表的なものと目される養育院を事例にとって、公共性充実のために積極的に働いた渋沢の特徴を見てみることにしたい。

働けど窮乏のままの都市での生活

渋沢が活躍をはじめた明治初期は、近代産業の勃興期で、経済の資本主義化が急速に進んだ時期にあたる。明治新政府主導の近代化は、工業化や科学、技術の側面のみを重視したもので、性急のあまり、それらを生み出した先進諸国の思想や理念などの受容が伴わなかった歪《ゆが》んだ近代化であったといえよう。

近世までの農村中心社会が変貌していくにつれ、貧農の子弟は都市に集中して賃労働者となっていった。そして都市は、工場労働者という新中間層によって急激に膨張し、資本主義的な新たな貧困が広がっていったのであった。

「毎日規則正しく稼いでいながら、ただ賃銭が少ないか、または家族数が多いがために貧乏線以上に浮かび得ぬのである」と河上肇は『貧乏物語』で指摘したが、怠けていて働かないから貧乏なのだ、というように、個人の責任だけでは片付けられない社会となってきていた。

露皇太子の東京訪問

東京の養育院は、ロシアのアレクセイ皇太子が東京を訪問する前日、一八七二年（明治五年）十月十五日に設けられた。体裁が悪い「帝都の恥」を覆い隠すようにとの府庁の達しにより、応急的に浮浪・徘徊者《はいかいしゃ》、二百四十人が本郷《ほんごう》の旧加賀藩邸の空き家に仮収容されたのであった。この臨時収容所は、直後に浅草、そして翌年、上野《うえの》に移され、子供も収容される恒久的な養育院として定着していった。

渋沢が養育院に関わるようになったのは、養育院の共有金取締方扱いを一八七四年に引き受けたことがきっかけであった。そして渋沢は、役職名こそ、養育院業務の管轄機関変更などによって、共有金取締方扱いから養育院事務長、そして初代院長というようにいろいろと変わったが、一九三一年（昭和六年）までの五十七年間、養育院に関わりつづけたのであった。一九〇九年の七十歳のときには、五十九企業の役職を辞任し、喜寿を迎えた年には、第一銀行の頭取も辞任、実業界から完全に引退した。しかし、「入ったのは偶然のことからである[2]」と語った社会公益事業については終生関与しつづけ、「その中で一番力をそそいだのは、東京の養育院だった[3]」と言われている。

処遇や実践面への関与

養育院では平常時の事務は幹事などが行い、渋沢は、月に二回だけ訪問して事業の点検を行った。このさいに渋沢は、幹事をはじめ現場の人たちと打ち合わせを行い、経営面のみならず、処遇の改善や人事面にも意欲的に関わったようである。

キリスト教社会事業家の山室軍平《やまむろぐんぺい》（一八七二―一九四〇）や原胤昭《はらたねあき》（一八五三―一九四二）、石井十次、留岡幸助（一八六四―一九三四）、大津事件当時の大審院院長で社会事業にも関与した三好退蔵《みよしたいぞう》（一八四五―一九〇八）などの意見にも渋沢は耳を傾けた。また、海外の近代的社会事業に関する文献にも目を通した。

渋沢が養育院に関与しはじめた当初、厳罰主義で子供に対応していた職員を渋沢は更迭し、自らが適切であるとみなした人材を新たに発掘して採用したりもした。渋沢は、社会の将来を担う存在である（渋沢曰く「前途に多くの望ある」）子供の処遇を特に重視していたのであった。

養育院廃止論の浮上

一八七九年（明治十二年）八月から養育院は地方税で運営されるようになっていたが、その二年後の一八八一年四月、「養育院への地方税支弁廃止」決議案が東京府議会に上程された。(4) これは、後述する自由主義者、田口卯吉《たぐちうきち》（一八五五―一九〇五）などの主張に同調する形で浮上したものであった。

渋沢は反対を表明した。このときは地方税支弁を廃止することは見送られた。しかし、翌一八八二年になって再び地方税支弁廃止案が提出され、一八八四年の養育院廃止が決定された。

養育院廃止を渋沢は黙って受け入れることはできなかった。そこで、とりあえず段階的廃止を提案した。その結果、地方税の支弁は一八八五年六月末日までは続ける、一八八四年からは新規入院者は受け入れない、在留入院者全員が出院する、あるいは死亡したときをもって養育院は全廃するということが決められた。

渋沢は、地方税支弁の廃止が近づいてきた一八八五年二月になって、養育院を民営として自らが有志とともに独立採算で運営していくことを申し出た。土地と家屋の売却代金、そして蓄積金をもらい受け、その利子と寄付金によって養育院を運営していこうと渋沢は考え、具体的な計画書を東京府に提出したのであった。

渋沢のこの建議は東京府（芳川顕正《よしかわあきまさ》府知事）に認められ、養育院は、渋沢が院長のまま、府知事が管轄する民営機関となった。財産を東京府からもらい受けたため、この委任経営の時代には、事務は選任された委員が担当するなどの制約が課された。

利子だけでは運営費が不足したが、幕末に渡欧したさいに慈善会や寄付金集めについての知識を得ていた渋沢は、「道楽」といいながらも自らも積極的に寄付をし、財界人からも多額の寄付金を集めてまわった。

寄付金集めとバザーで乗り切った委任経営時代

一八八九年（明治二十二年）五月に市制が施行され、東京市が管理すべきものがあれば申し出るようにと布告されると、渋沢たちは、養育院がそれに該当すると名乗りをあげた。こうして養育院は、東京府議会と市議会の決議を経て、翌年一月一日付でようやく東京市営（東京市養育院）となった。市営になるまでの約四年間の委任経営の時代を渋沢は、積極的な寄付金集めで乗り切ったのであった。

一八八六年には養育院慈善会(5)が創設され、渋沢栄一夫人（後妻の兼子《かねこ》）が会長を務めた。実質的には渋沢の働きが大きかったようであるが、この慈善会は、一九一〇年に休会になるまで積極的な活動を展開した。「特別経費を必要とするときも、市の普通経済の助力を仰がず、自給で院の経済を保持した」というように、慈善会、ひいては渋沢は、養育院存続のために大きな役割を果たしたのであった。

当時の公的扶助の状況

家族制度下の日本では伝統的に血縁および地縁による隣保《りんぽ》相扶《そうふ》主義が貫かれてきたため、近代的な社会・公共政策という類の考え方は存在しなかった。

窮民に関して政府は、一八七四年（明治七年）十二月に恤救《じゅっきゅう》規則を府県に通達したが、「憐《あわ》れむべき者」を対象にする、という徳川幕藩体制下の慈恵的な救貧政策とあまり大差はなく、家族の扶養や隣保的救済を望めない無告《むこく》の窮民に限って救済を行う、という限定的なものであった。つまり、縁者や住民の相互扶助が当然視され、公的扶助の想定は最小限度にとどめられた、救済策としてはかなり不満足なものであった。

一九一一年には、明治天皇によって済生勅語《さいせいちょくご》が出され、生活に困窮している国民（「無告ノ窮民」）に対する救療費として百五十万円が下賜された。そして、恩賜財団済生会が設立された。さらに、その六年後には内務省の地方局内に救護課が設置（二年後には社会課と改称、その翌年には内務省社会局に昇格）され、感化救済事業が実施されるようになった。

一九二九年（昭和四年）になって救護法が制定されたが、経済不況と財政困難を理由に施行は見送られていた。救護法とは、高齢者、幼年者、身体的障がい者などのうち、扶養義務者によって扶養されない人たちを公的に救護するとした立法で、一九四六年の生活保護法にとって代わられるまで存続した。

一九三〇年末、九十歳を迎えて病床に臥《ふ》していた渋沢は、全国の方面委員（民生委員の前身）の代表、二十人の訪問を受けた。かねてから来るものは拒まずという姿勢を貫いていた渋沢は、このときも周囲の反対を押しきって応対に出た。

貧困に喘《あえ》いでいる全国二十万の民を救うために、救護法の施行に尽力してほしいという要請を受けた渋沢は、政治関係者などへ働きかけるために病身をおして出かけた。この無理が死期（渋沢は一九三一年十一月に死亡）を早めた可能性も指摘されている。救護法はその後、一九三二年一月に施行された。

「日本のアダム・スミス」による養育院廃止論

管轄や補助の範囲がしばしば変わった養育院の処遇には、先述の恤救規則と同じ方針、考え方が反映されたといえる。親族扶養や地縁的共同体から離脱した極貧者、廃疾・重病・老衰・疾病のために労働不可能な者のみが貧民院とも呼ばれた養育院の収容対象者となっていた。

このようななか、政府や社会には「貧人を救助するの義務」ありとする内容の論説(「公的貧民救助必要論」)が一八八一年(明治十四年)六月二十五日から七月七日にかけて『朝野《ちょうや》新聞』に掲載された。[6] いっぽう、これとは反対の意見を示していたのは、「日本のアダム・スミス」と呼ばれる自由主義経済学者の田口卯吉であった。

田口は、「施療院並に養育院を廃止するの意見」[7]を『東京経済雑誌』に発表した。まずはじめに、田口は、結果の平等までは重視しないが、現出しているような極度の貧富の格差については憂慮を示した。そのような悲惨な状態が起こっていることは、天意ではなく、人為であり、悪政に原因があると田口は断じた。また、即時解決は無理ではあるが、欧州のように社会党が台頭する前に、貧富の格差を漸次是正しなければならないと田口は力説した。

貧者救済は政治上は誤り

田口が考えた貧者をなくす唯一の方法は、減税であった。養育院に当てている地方税、二万円分を減税して社会に投資すれば諸産業が進む、そうすれば、数十年後には富裕度が高まるだろうと田口は訴えたのであった。そのために、地方税を支弁していた養育院は廃止すべきだというのが田口の考えであった。

ただ、一個人としての田口は、「余輩と雖《いえど》も亦《ま》た人の子なり、豈《あ》に此語を聞きて之を救わんことを望まざるや」と記して、貧民を救助したい気持ちも有していることを示していた。しかし、社会の性質を熟察した上で誤りであるならば、そのことを指摘して真理を告げる役割を自らが担わなくてはならないと田口は判断した。

鰥寡《かんか》孤独廃疾の者を憐れみ、貧民を救助することが仁政（善良の政治）であるというのは道徳上の論議であり、政治上は誤りだと田口は指摘した。東京府下で生活に困窮する者が多く出ているときは、他の人たちもまた困窮しているのであり、飢餓に直面している特別な人を救うだけの富を持っている人というのは決して多くはない。従って、地方税を支弁して貧民を養うということは、貧民から得た税金を他の貧民に与えるだけであり、他に貧民をつくりつづけるということに他ならないというのが田口の主張であった。

さらに田口は、東京府下の貧窮者数は、養育院の収容限定人数（五百人）の十倍にも達しているが、それらの人たちは近隣富裕者の慈善にあずかって餓死せずにいると指摘した。従って、あえて「惨虐無道《ざんぎゃくむどう》の政治」で貧民の一部を救う必要はなく、養育院は廃止して、余財と仁愛心に富む慈善事業家に託すことのほうが真理であると田口は主張した。この田口の養育院廃止論が前述したように東京府議会で取り上げられるに至ったのであった。

渋沢の養育院観[8]――「ボロ」拾いは必要

では、渋沢はこのとき、どのような見解を有していたのだろうか。渋沢は、資本主義社会における生存競争と落伍者《らくごしゃ》の発生、および社会構造的な貧困原因が登場してきたことを認めた上で、「塵埃《じんあい》」が溜《た》まるのと同様、世の中が進歩すれば社会には「貧乏人」が溜まると表現した。

「養育院に収容せらるる老廃者は、申さば東京市人口のボロである。（中略）ボロが出れば之を拾って歩《あ》るく『ボロ』拾いというものが無ければならぬ」、貧民は「貧民の身分に相応せる待遇を以て甘んじ」るべきであると考えた渋沢の根底には、この時代には珍しくはなかったと思われる、惰民《だみん》思想が存在していた。人は皆、救済されると救済されたいという依頼心を持つようになり、自らが額に汗して自らを養うという自己責任を捨て去るようになってしまう、そのため、慈悲の心で貧窮者を手厚く保護すればするほど、怠ける人を増やすだけだというような考え方が惰民思想である。渋沢も、養育院の地方税支弁廃止論が浮上したときには、惰民養成の弊害について認める発言をしていた。

社会防衛的・政策的にも慈善事業は必要

このような渋沢は、次のような見地でもって慈善事業を正当化した。慈善事業は、社会に対して将来、害悪を及ぼしそうな芽を若葉のうちに摘み取る働きをなすものなので、道徳的に当然であるばかりでなく、犯罪予備軍から健全な社会を防衛するという社会政策的見地からも効果があると主張したのであった。

そのため、社会経済上の問題として慈善事業を研究する必要があると渋沢は考えた。恤救に終始するのではなく、生産的人物へ復帰させる努力を取り入れながら養育院を運営していこうと考えたのであった。養育院が子供の処遇を最優先としたことは、このような渋沢の認識と方針に影響を受けていた可能性も大きい。

しかし何よりも人道上捨て置くべからず

このように、渋沢は、社会防衛的側面から慈善事業の必要性を訴えたが、何よりも強調したのは、やはり、人道的見地からの慈善事業の重要性であった。

渋沢は、どんな賢い人でも、社会があればこそ成功できたのだ、従って社会に恩返しをしなくてはならないという思考を有し、社会の一方に富裕で余財を持つ人がいるのに、惰民養成の弊害があるからといって社会の窮民を捨て置いたまま救わなくてもよいのかと訴えかけた。

渋沢が帰結するのは、惻隠《そくいん》・人情・人道、そして共生・協同・社会への御礼という考え方であり、このような観点で、社会は養育院事業の推進に関与すべきだと主張したのであった。

二　武藤山治

当時の紡績会社をめぐる状況

渋沢の次に、孫三郎と同様、紡績会社のリーダーを務め、人道主義的改革を率先して実施した武藤山治について紹介しよう。

日本の近代産業は、当初、明治政府が牽引し、その基礎が確立されるようになったのは日清戦争前後のことであった。当時の日本にとって、欧米の植民地となることは絶対に避けたいことであり、富国強兵は国是であった。また、富国強兵のためにも、近代国家として欧米に追いつくためにも、資本を蓄積することは至上課題となっていた。ひいては、産業の中心であった繊維輸出産業の増産と海外市場の確保は死活問題であったのである。

繊維三部門（綿糸紡績、生糸、織物）は、低い技術力で英国の紡績業などに対抗するために、可能な限り低コストで最大生産を確保する必要があった。そのため、労働者は、低賃金と長い労働時間、それに諸々の不利な制度を甘受させられていた。多くの労働者は、あたかも物のような扱いを受け、休憩時間や休日を切りつめられ、深夜業を含む長時間労働に低賃金で従事させられた。また、過酷な罰則が課されることもあった。

弊害の多発に動き出した官庁

当時の紡績工場には、農村から出稼ぎに来ていた女子が多かった。そのため、農村などで色濃く残っていたタテの序列を重視する家族制度的な関係が、工場の労使関係にも容易にそのまま持ち込まれた。雇主側の恣意《しい》が全面的にまかり通った「原生的労働関係」(9)が幅を利かせていたのであった。

このような労働環境下では様々な弊害が発生した。工場で働く女子労働者のなかには、過酷な労働・生活条件によって健康を損ね、結核を発症する者が多発した。結核に冒されれば働くことができなくなるため、結核にかかった女子労働者はそのまま故郷の農村に戻された。それに従い、農村に結核が蔓延《まんえん》する、という事態が社会問題となっていった。

そのため、一八八二年(明治十五年)前後から、工場労働者の長時間労働や年齢などを規制する工場法(職工条例などとも呼ばれていた)の必要性を説く人も出てきた。

一八八七年には、「職工条例及び職工徒弟条例」法案が農商務省工務局によって立案されたが、廃案となった。その四年後には内務省が「職工の取締及び保護に関する件」を全国の商業会議所に諮問した。しかし、ほとんどの商業会議所は、時期尚早であるとの考えで不賛成であった。

やがて、状況をこのまま見過ごすことはできないと考えた農商務省は、労働者保護制度の制定を視野に入れながら、臨時工場調査掛に工場の実地調査を命じた。そして、一九〇三年、この実地調査の結果をまとめた農商務省の官庁報告書が『職工事情』として発表されるに至った。この調査報告書によって、繊維産業の女子労働者をはじめとする労働者の悪環境が問題視され、世論の非難や同情が巻き起こった。また、研究者の注目も集まり、資本家の間でも大きな問題となっていった。

しかしそれでも、工場法は一九一一年、『職工事情』の発表から八年後まで公布されることはなかった。技術水準が低い間は、労働者の長時間労働などで補わなくては、英国などとの国際競争にはとうてい勝てないという論調が力を有していたためであった。実業界はまた、「我国に於ては雇者・被雇者は宛《あたか》も家族関係に等しきものあり、長幼相扶《たす》け吉凶相問い、其間靄然《あいぜん》たる情誼《じょうぎ》の存する者あり（中略）雇者の虐待の為めに被雇者の反抗を招きしが如き事実は極めて稀なり、是実に我国特有の美風」であるから、海外を模倣して法律を設けて「古来の美風を滅却するに至らん」ことは回避しなければならないと主張して反対していた。[10]

工場法については第五章でふれたが、そのようななかで工場法が公布されるようになったのは、工場法案に反対していた渋沢栄一が容認を公言するようになったことが大きな原因であったともいわれている。

武藤山治の経歴[11]――祖父と父から受け継いだ気質

それでは、このような時代背景のなかで繊維産業を牽引した武藤山治についてみてみよう。

武藤山治は、岐阜の地主、佐久間家に長男として生まれた。日蓮宗《にちれんしゅう》の信仰が厚かった祖父の勘六は、襖《ふすま》をはずすと数百人も収容できる大広間を自宅に設け、近隣者を集めては仏教談話を行った。また、この祖父は、農村改良、耕地整理、水害防御、村内の困窮者の救済に尽力した。一八六七年（慶応三年）には、村を代表して江戸へ出向き、長良川《ながらがわ》堤防に関して幕府当局者と交渉を行った（持病の脚気《かっけ》でこのとき亡くなってしまった）。

武藤は、このような祖父から、熱情と正義感、人道主義、そして性急な性格に端を発する即断実行力を受け継いだという。

また、中国の古典から武藤を「山治」と命名した父、佐久間国三郎も、儒教の素養が高かった。そのいっぽうで国三郎は、新しい知識を常に求めた学究的な読書家であり、蔵書を保管する小図書館を母屋の隣に設けたりした。国三郎は、早くから自由民権の思想を抱き、明治はじめの国会開設運動などにも加わり、岐阜県会議員、県会議長も務めた。その後、一八九八年（明治三十一年）の第六回国会議員選挙で岐阜第三区から立候補して当選、衆議院議員にもなった。

福沢からの影響

武藤の家の大広間では政談演説会が時折開かれ、武藤は、子供ながらに演説を聞き、なんとなく演説が上手になってみたいと思ったという。後に武藤は、「私の東都遊学は演説が動機でありました」と振り返っていたが、武藤は、演説館（福沢諭吉がつくった日本最初の演説会堂で、三田《みた》キャンパス内に現存）のある慶應義塾に進学した。この学校選びには、福沢の『西洋事情』に感激した父の勧めもあったそうである。

武藤は、孫三郎の生まれた一八八〇年（明治十三年）に十四歳で、慶應義塾付属の幼稚舎に入学した。この幼稚舎は、高い人格を身につけた先生が、家庭的な雰囲気のなかで生徒の人格形成を助けるという、英国流の人格教育に福沢が範を求めたものであった。当時の幼稚舎では、和田義郎《わだよしろう》（一八四〇－九二）夫妻と福沢の妹夫妻の四人が福沢に任されて教育を行っていた。

この幼稚舎は当時、「和田塾」と呼ばれており、寄宿生、通学生合わせて二十人ほどの学生が学んでいた。武藤によると、「和田塾」では、先生と生徒の間にも、また、上級生と下級生の間にも年功序列による差別がまったくなかった。平等な人間関係が尊重されていたので、先生が出席をとるさいにも生徒を「さん」付けで呼んだ。また、生徒も先生を「和田さん」と呼んでいたという。武藤が平等な人間関係を明確に、そして肯定的に意識した起源は慶應義塾の幼稚舎にあったと思われる。

武藤は、慶應義塾の本塾では政治・経済・文学の英書訳読を中心に、また、英語や簿記などの実学も学び、自由主義と経済合理主義を身につけた。卒業後には、米国へ留学して給仕などもしながら苦学し、帰国後には福沢流の教えを実業界で体現していった。

福沢の感化の大きさを物語っている武藤の言葉を紹介しておこう。「親しく先生の言行に依って強く心の中に鋳込まれたのであります。当時の学生は、福沢先生と云う一大司令官の号令に依って動く軍隊のようでありました。右に行くも左に奔《はし》るも一に皆先生より下さるる号令に依って動いたのです」。

また、武藤は、鐘淵紡績の経営を退いた後、父親と同様に衆議院議員になったが、この議員就任に関しては次のようなエピソードも残っている。一九三二年（昭和七年）に、貴族院勅選議員への推薦の話が犬養首相から持ち込まれた。このとき武藤は、勅選議員になるくらいなら、衆議院議員になる、「私は福沢の弟子で、貴族院議員などというものはきらいです」ときっぱりと断ったという。

合理主義的な専門経営者

明治時代の中頃になると、「私利は公益の基」とする福沢の私利の鼓吹もあずかって、日本でも「国のため」から「利潤のため」の実業へと意識が転換されるようになっていった。所有と経営の分離型経営が進行し、科学的思考と学問を身につけた合理主義的なタイプの専門経営者が登場するようになった。また、会社に給料で雇われ、そこで学識を発揮することに大きな関心が持たれるようになったのであった。

このような新時代の実業界では、慶應義塾出身者が勢力を伸ばしていった。それは、福沢の甥（福沢の姉の子）で、三井財閥の事業主体となっていた三井銀行の理事に就いていた中上川《なかみがわ》彦次郎《ひこじろう》（一八五四－一九〇一）が、慶應義塾出身者を意欲的に三井系企業に採用していったことにも大きく由来する。

武藤も中上川に見出された人物の一人であった。武藤は、米国から帰国後、横浜で英字新聞記者などをしていたが、一八九三年一月に三井銀行へ入社した。当時の三井では中上川が、既存の価値観や伝統、権威、友誼《ゆうぎ》を排除した合理主義的思考でもって、工業重視路線へと大改革を断行中であった。(12)

この中上川は、「東洋一の高給取り」といわれた給与を得ていた。このことは、福沢の信念の一つ、「自主独立の精神に基づいた実学によって得られるビジネスの業績と成功こそビジネスマンの自尊心の基礎となるべきものである」、を体現したものとみなすこともできよう。

武藤は、三井銀行へ入社した翌年四月に系列の鐘淵紡績の兵庫店支配人に転じた。それ以降、中上川や朝吹英二《あさぶきえいじ》（一八四九－一九一八。慶應義塾出身で中上川の妹と結婚）の指導と感化を直接的・間接的に多分に受けながら合理的・現実主義的な近代企業家として頭角をあらわしていった。ちなみに、中上川は「厳父」、朝吹は「慈母」のようだったと武藤は表現した。

鐘淵紡績の経営(13)

この時代の労務管理上最大の問題は、労働力の絶対的な不足であり、それを根本原因として、労働者の頻繁な移籍、労働募集難が起こっていた。このようななかで、明治三十年代後半に入ると、労務管理についても新しい傾向が生まれてきた。すなわち、労働募集よりも労働者の保護、育成に力点を置き、労働者の企業への定着と技能向上を図ろうとする動きであった。

いずれの企業でも女子労働者（いわゆる「女工」）の勤続を長期化させて熟練した女工を確保しようとの目的もあって、寄宿舎などの諸設備の整備、食事の改善などに力を注いだ。このような動きに先鞭《せんべん》をつけたのは武藤率いる鐘淵紡績であった。

先駆的な職工優遇政策

支配人を経て、一九二一年（大正十年）に社長に就任した武藤は、一つの家族のなかで必要とされるような親切な心、温情主義で企業経営を行うという、経営家族主義を打ち出した。そして、様々な職工優遇策を展開していった。ここでは、武藤山治の先駆的な実践例を概観してみることにする。

①意思疎通制度――注意箱

米国の会社に倣って、小さな鍵付きの箱に意見を投じる制度を設けた（経費節約に関する投書は匿名も認められた）。工場の仕事や機械に最も精通している現場の職工と会社上層部との意思疎通が目的であった。

この注意箱は毎月一回、開けられ、全投書が武藤に送られた。最高で五十円、最低で一円の報酬が投書者に与えられるということになっていた。武藤は、控え目を良しとし、また外聞を気にする日本的伝統によって、注意箱の効果・目的が阻害されることを危惧し、部下の投書に対して上役が嫌な顔つきをしただけでも懲罰解雇の対象になると書面でも公示した。

②社内報

下意上達を図って注意箱制度を採用した翌月の一九〇三年（明治三十六年）七月から、社内報（『鐘紡の汽笛』、翌年一月からは『女子の友』も）を発行して、上意下達を図るとともに、従業員の企業への帰属意識を高めていった。

③購買組合

職工が自治によって必需品を廉価に購入できるようにするため、一九〇三年に購買組合を設置した。利益は職工に分配された。

④共済組合

ドイツのクルップ製鋼会社を手本にして、鐘紡共済組合（日本の民間会社初の相互扶助制度）を一九〇五年五月に創設した。従業員が毎月の給料の百分の三を保険料として拠出し、その拠出総額の二分の一以上の金額を会社が補助することによって基金が構成された。また、共済組合の詳細を把握した委員が各支店に置かれた。

定款には「安心して業務に従事することが出来ますから此上の幸福はありません」と記載されており、社員がもし、疾病・負傷・妊娠・高齢化・死亡のいずれかに該当した場合は、救済策や扶助、あるいは一定の給与保証や勤続年金などが与えられた。

この鐘紡共済組合は、一九二二年（大正十一年）制定（一九二七年〔昭和二年〕施行）の政府の健康保険法に大きな影響を与えた。健康保険法が実施されると、鐘紡の共済組合は、規模は縮小されたが、一九四五年八月まで維持された。

⑤鐘紡女学校

一九〇四年（明治三十七年）に兵庫工場の寄宿舎にまず女学校を設置し、それを基に、その三年後には法令に従った私立鐘紡兵庫女学校を設立した（本科四年、幼年科六年、専科三年）。本科では修身（道徳）、国語、算術、裁縫、唱歌、体操が教えられ、昼業の場合は夜に、夜業の場合は昼に学校へ通った。また、義務教育を受けていない十二、三歳以下の幼い女工の場合は、半日労働、半日勉学というサイクルが組まれた。兵庫の他にも、鐘紡京都支店女学校や鐘紡岡山女学校などが設立され、成績優秀の場合は、鏡台などの賞品が授与された。

⑥鐘紡職工学校の設立

「上級男工を養成する」ために職工学校を設置する旨が一九〇五年五月に回覧された。十五、六歳以上で学科試験と体格検査を通過した者が入学試験料、授業料、教科書や書籍など一式の道具の費用など無料で一年間通うことができた。被服も、また賄いつきの合宿所(今でいう寮)も提供され、小遣いとして毎月二円が支給された。前期は学科を重点的に、後期は実地練習を重点的に学び、終了後は「上級工に採用し相当の地位を与」えられることになっていた。ただし、卒業後五年間は他の同業者に雇用されないことを誓約しなければならなかった。

⑦各種世話係

栄養と美味《おい》しさを兼ね備えた食事を最も経済的に提供するための料理方法研究員、人事係所属の寄宿舎世話係と通勤世話係、女工の不平や苦情を聞き、調停や保護、円満解決を図るなどの諸々の世話を行う工場付世話係(工場主任直属)などを配置した。

⑧その他の策

労働能率を向上させるための間接的手段として、緑あふれる休憩室を工場内に設けた。また、冷やしタオルを従業員に配布したりした。

武藤の特徴——温情主義[14]

倉敷紡績の社史、『回顧六十五年』の中には、「最も優れていた鐘淵紡績と三重紡績の制度を参考にして」倉敷紡績の機構改革が行われたという記述がある。[15] 家族主義・温情主義を掲げる武藤の鐘淵紡績の施策が孫三郎などの同業者に何らかの影響を与えたことは確かと思われる。では、武藤の温情主義とはどのようなものだったのだろうか。

家族のような企業にしていくとの方針を打ち出した武藤の温情主義とは、古来、日本の家族内に存する「春風のような温かい」情を家族主義の下で労働者におよぼすという施策であった。それは、親が子供のことを保護するように、重役が従業員を保護する、という親子関係を擬制したものであった。

武藤は、主として温情主義という表現（時には家族主義という言葉を並列的・互換的に使用）で、経営意思の普及と組織的、進歩的施策を展開していった。

さらに武藤は、深刻な労働運動に関しても、温情主義で企業が従業員を保護すれば、問題は解決する、という考え方を示した。「唯《ただ》権利義務の一点張りでなく、愛で行きたい」をモットーとした武藤は、義務思想をきちんと伴わずに、権利思想のみを取り入れるというような単純な近代西洋思想の輸入や模倣を否定し、「日本特有の美風」である温情主義による解決を強調したのであった。

主観的で資本家偏重的な論調

武藤は、当時頻発していた労働争議について、成金的資本家の傍若無人な物質・享楽主義的態度が知識階級や労働運動家の反発を買い、これらの人々が労働争議を煽動《せんどう》しているだけだと主張していた。そして、資本家に反省を求めると同時に、労働者に対しても利己主義に陥らないように、と自省を求めた。

さらには、資本家の感情を害さないためにも、労働時間の短縮や賃金アップは要求するべきではないと武藤は労働者に訴えかけた。それらは、労働者にとっては真の幸福ではないと武藤は主張したのであった。このとき武藤は、「労働時間や賃金のみで真の幸福は図れない」、「貧乏人の方が気楽である」という論調で語りかけていた。

このような武藤の主観的で資本家偏重的な論調は、武藤が資本家について語ったなかにも見受けられる。西洋の資本家とは違って、日本の資本家は、悪意のない単純な存在であるから、温情主義的施策を受けることが労働者にとって真の幸福であり、「労資の融和は温情に拠《よ》る外なし」と武藤は主張したのであった。

温情主義を強制する法律が必要

しかし、温情主義で労使問題は解決できると主張した武藤ではあったが、温情主義を資本家に強制する法律などがないため、実際には補完的な策が必要であることは認めていた。武藤は、温情主義で結ばれた労使が一致協力して政府を動かし、慈善税たる重税を資産家階級に課すこと、政府による実業教育を徹底すること、そして、労働者や学者の感情を逆なでしないためにも、資本家の団結を認めていることと同じように、労働組合も認めること、というような施策が必要だとの見解を示していた。

労使の階級的対立を根本的に否定した武藤は、このように、温情主義を中心とした日本独自の解決策によって、「過激な」西洋思想の直接輸入とそれによる労働運動を阻止できると考えたのであった。

その後の鐘淵紡績

鐘淵紡績は第二次世界大戦後に武藤山治の息子、武藤絲治《いとじ》が経営にあたり、経営多角化が図られた。一度は、非繊維事業を鐘淵化学工業（現カネカ）として分離独立させたが、再度、化粧品部門を買い取り、食品や薬品業なども手がけていった。

しかし、二〇〇四年（平成十六年）には産業再生機構による支援が決定され、二〇〇六年に、産業再生機構の支援が終了、クラシエホールディングスとして現在に至っている。

三　三者の比較

渋沢栄一と大原孫三郎――多くの共通点

それでは、孫三郎と渋沢栄一、武藤山治の三者の人道主義や経済社会観を比較してみよう。

まず、孫三郎と渋沢については、グローバルに物事を考える視点を備えていたこと、人間愛・共生・道徳・倫理・使命感・義務・無私の重視という点を強く持っていたことが共通している。

国家と公利を重視した渋沢

しかし、天保年間に生まれ、幕末には国の行く先を憂い、攘夷の志士となった経験を有していた渋沢には、儒教的素養の特徴の一つといえる「滅私奉公」的な概念が強く存在していたことは確かだろう。渋沢は、商業道徳の確立、資本と労働、貧富の調和を目指し、独立自尊を視野に含めながらも、どちらかというと、共同と公利に重きを置いた。

また渋沢は「財界の大物」としての立場ゆえに「官」から協力を求められることが多かったこともあって、権威主義的な側面や、困窮者問題を仁政的にとらえる側面が皆無だったとはいえないだろう。また、東京養育院を、「東京市人口のボロ拾い」と必要悪視したように、渋沢の発言には社会・国家防衛的な視点が見受けられた。渋沢の場合、「何よりも人道上捨て置くべからず」とは考えていたが、それに勝るとも劣らず、社会事業に従事する究極的な理由は国家繁栄にあったといえよう。

「明治の新青年」と「天保の老人」

いっぽう、孫三郎の活動や思想は、個人・民力・平等などにもより徹底して目を向けたものであって、「下」からの度合いが渋沢よりも強かったといえる。また、孫三郎の社会事業は人間の不幸を処理するだけにとどまらず、福祉・幸福を高めていこうとした、積極的なものであった。

これらはもちろん、「明治の新青年」と「天保の老人」の生年、時代のエートスの違いが大きな原因であることは否めない。そうではあっても、両者にはこのような相違点が存在していたのであった。

武藤山治と大原孫三郎

次に、孫三郎と武藤との違いである。

一個人としての武藤は、「女工さん」という呼び方を使い、エレベーターのボーイにも降りるときに「ありがとう」と言い、そして、お茶を運んできた相手にも必ず「ありがとう」と丁寧に会釈したというように、平等な対人関係を終始貫いた。また、自分の子供にもそのような平等な対人関係を徹底させていた。[16]

しかし、個人的立場とは対照的に、社会的発言を行った経営者としての武藤には、温情主義の特徴の項で述べたように、日本の伝統的なタテの封建思想が強く見られた。タテの関係を個人的には否定しておきながら社会的にはその封建性・日本の伝統を武藤は引きずっていた。

そのいっぽうで、武藤には近代企業家色が強く見受けられた。武藤は、福沢と中上川の下で培った経済合理主義、自由主義、私利追求の正当性に基づいて、株主への配当を第一に考えた近代的な産業資本家であり、なによりも企業・利潤ありきの改革実践者であった。

自ら「営利会社の番頭」という限界を設け、その限界を認めていた武藤が、高額の退職金を得ていたことが知れ渡ったために、有名な鐘紡の大ストライキは起きた。地域や関連企業の発展に尽力した孫三郎が、役職手当を返上していたこととは、かなり異なる感は否めない。

もちろん、武藤は、慶應義塾出身という学歴を武器に就職し、登用された人物であり、孫三郎の場合は、父親の後継者として経営のトップに就任した。このようなことも孫三郎と武藤の差異の一因であろう。また、武藤は、公私とも利益とは無関係な社会的事業（科学研究や社会事業、青少年教育、地域住民の啓蒙）に積極的に貢献する、という術は採らなかった。その代わり、武藤は、衆議院議員になって政治の世界から社会、国家を改良していくことを選んだのであった。

「現代労働問題の意味を理解していない」

温情主義によって労働問題を解決していくという武藤の考えは、当時、吉野《よしの》作造《さくぞう》（一八七八―一九三三）や荒畑寒村《あらはたかんそん》（一八八七―一九八一）、河上肇などの学者やジャーナリストから批判を受けた。吉野は、道徳的視点から見た温情主義には何ら問題はないため、反対するつもりはないとしながらも、「武藤氏は現代労働問題の意味を理解していない」と武藤の温情主義の限界を批判した。(17)

孫三郎の温情主義観

孫三郎は、武藤のことが話題にのぼっても黙して思考に耽《ふけ》っていたと伝えられているが、孫三郎の親戚《しんせき》で倉敷紡績の五代目社長も務めた藤田《ふじた》勉二《べんじ》は、武藤の温情主義が頻繁に取り上げられていた頃の孫三郎との会話を次のように伝えていた。

「温情という精神的なものだけでは労働問題は解決しない、労働の科学的な究明による数的理論を基礎にして労働者の真の福祉の向上をはか」らなければならないと孫三郎は語ったというのであった。(18)孫三郎は、武藤の家族主義、温情主義に共鳴していたわけではなかったのである。

「まず人間・使命あり」

孫三郎は、武藤が労働者に対して持っていた温情主義とは異なるキリスト教的ヒューマニズムや人格平等観に基づいて、労働者の待遇を改革しようとした。企業を含めた社会を普遍的に改良しようと試みた孫三郎の、「まず人間・使命あり」の道義的合理性と武藤の経済的合理性とはまったく別のもので、孫三郎と武藤を同一の人道主義的改革者とひとくくりにすることはできない。

「人間そのものがその人のすべての財産である」という考え方があった孫三郎には、科学的、文化的に人間らしい幸福を追求するという視点が渋沢栄一や武藤山治よりも強かったといえよう。

「従来は比較的円満であった労働者と資本家との関係を、工場法の制定に因《よ》って乖離《かいり》せしむるようなことはあるまいか。（中略）彼等は小供にも働かせ、自分も出来るだけ長時間働いて、沢山《たくさん》の賃銭を得度《えた》いとの趣意であるが（中略）彼等に取っては、少し位衛生設備に欠くる点はあっても、成《な》る可《べ》く労働賃銭の多からんことを希望して居るのであるのに、徒《いたず》らに衛生設備ばかり際立つ程行き届いても、命と頼む賃銭が却《かえっ》て減却されては、彼等は寧《むし》ろそれをより大なる苦痛と心得るであろう[19]」という渋沢栄一の考えは、もっとものようであるが、渋沢のこの言葉には「人間としての」、「人間として稼ぐ」という視点が欠如している。

孫三郎は、渋沢よりも四十歳、武藤よりも十三歳年少だった。そのため、公共性を重視して民間から実践を行った渋沢栄一や、その流れを受け継ぐ企業家として、進歩的な施策で労働環境の改善をはかった武藤山治よりも、さらに現代的な思想と手法でもって社会の改革を試みた人物として大原孫三郎をとらえることができよう。なかでも、下からの公共性や市民社会的な実践、そして多面的で普遍的な社会文化貢献という、最も現代的な課題について、我々は孫三郎から多くの示唆を得られるのではないかと考える。

第八章　晩年と有形無形の遺産

一　晩年

總一郎の結婚と留学

四十九歳のときに寿恵子夫人を亡くした孫三郎は、それ以降、總一郎と二人きりで旅行をしたり、音楽会へ行ったりなどの機会を設けるようになった。總一郎のほうでも努めて孫三郎と行動をともにしようとしたようであった。

總一郎は、一九三二年（昭和七年）三月に東京帝国大学経済学部を卒業し、その年の十一月に倉敷絹織の傭員《よういん》（今のアルバイトのようなもの）として入社した。そして、二年後の四月に大《おお》久保利武《くぼとしたけ》（一八六五―一九四三）夫妻の媒酌で、野津鎮之助《のづしずのすけ》（日露戦争の奉天会戦《ほうてん》で第四軍司令官を務めた野津道貫《みちつら》の長男）の次女真佐子《まさこ》と結婚した。

結婚から約二年間、總一郎は一社員として工場などで事務方の経験を積んだ。この頃の孫三郎はまだ五十五歳前後であったが、ゆくゆくの總一郎への事業継承についても考えをめぐらせはじめていたにちがいない。孫三郎は、總一郎を約二年の予定で欧州視察へ送ることにした。

それまで、孫三郎は、大学や自らが設立した研究所の研究者、および後述する大原奨学会の学生など、多数の人々に海外留学の機会を与えてきた。孫三郎は、總一郎にも海外見聞と経験が絶対に必要であり、有意義であると考えたのであった。總一郎の海外視察に関しては、国際政情の不安や孫三郎の健康状態（高血圧と動脈硬化症、それに軽い糖尿病があった）などを理由に、倉敷紡績の役員などから反対意見が出されたが、孫三郎は考えを曲げなかった。

狭心症の発症

總一郎が真佐子夫人同伴で欧州へ出発しようとした矢先の一九三六年（昭和十一年）二月二十五日に、孫三郎が狭心症で倒れる事態が発生した。そのため、總一郎夫妻は出発を見合わせたが、孫三郎が三週間程度の静養で健康を回復することができたため、四月になって欧州見聞へ旅立った。

欧州各国の繊維工業視察を主たる目的とした總一郎が、約二年七ヵ月の海外生活を終えて、一九三八年十一月に米国経由で帰国するまでの日々、孫三郎は、心配をかけないように、体調に気をつけながら過ごした。欧州滞在中の總一郎に宛てた手紙に孫三郎は、次のような言葉を書き添えている。

「余の健康はよし。安心されたし。更に一層静養して二人のものに心配させぬようしたいと思って居る」（一九三六年六月二十日発信）、「健康よし、自分の自覚により動いて居るのであるから安心ありたし」（同年六月二十四日発信）、「健康は全く平常になった。御安心ありたし」（同年八月十一日発信）、「健康はよし、近頃少し肥えて来た。安心ありたし」（同年九月二十八日発信）、「近来健康更によし。御安心ありたし」（同年十月二十二日発信）。

相次ぐ発作

孫三郎は、幼少期から蒲柳《ほりゅう》の質で、十年に一度大病をする、といわれていた。咽喉に問題があった少年時代、高等小学校を休みがちで進級できなかったこと、結婚直後の一年間はほとんど養生して過ごしたことは既述した。また、壮年期になってからは、高血圧と動脈硬化があるので、主治医の三橋玉見から無理をしないようにという注意を受けてきた。

このような孫三郎は、やがて、狭心症の発作に見舞われるようになった。前述したはじめての発作は、孫三郎、五十五歳のとき、事業でまだ陣頭指揮をとっていた頃であった。一回目は軽度ですんだが、直後の三月四日には、かなり激烈な二回目の発作が襲ってきた。このとき、孫三郎は、無理はできないと自覚したようである。

主治医の三橋は、可能な限り事業の負荷を軽減し、穏やかな生活を送るように心がけることが大切であるとアドバイスした。また、孫三郎と懇意にしていた建築家の薬師寺主計などは、引退を勧めたりした。しかし、孫三郎は引退を口にした薬師寺に反発し、両者の関係も多少ギクシャクしたようであった。

このときの孫三郎は、まだ引退を真剣に考える必要はそれほど感じていなかったのだろう。事業遂行の余力がまったくなかったわけでもないし、また、總一郎の後継準備も整っていなかったのである。

それでも孫三郎は、三橋医師のアドバイスに従い、事業の日常業務はなるべく側近者にまかせるようになった。

總一郎夫妻が出発した一九三六年（昭和十一年）の末から翌年はじめにかけての冬期の寒い間は特に、狭心症が再発しないようにするための注意を払った。孫三郎は、總一郎が欧州から送ってくれた亜硝酸アミルという狭心症の新薬（アンプル入りの吸入薬）をいつも身近に置いて、息苦しさに備えるという周到さであった。

親しい人々の死去と意識変化

そのようななか、孫三郎は、厚い信頼で結ばれていた友人や側近が次々と病気に倒れるという事態に直面した。石井十次との橋渡しをした林源十郎、寿恵子夫人の兄の石井熊夫《くまお》、主治医の三橋玉見、日本画家の土田麦僊、洋画家の満谷国四郎などがこの世を去り、中国銀行の後継者にと孫三郎が白羽の矢を立てていた中村純一郎《なかむらじゅんいちろう》も深刻な病気に見舞われた。また、孫三郎の大阪住吉《すみよし》の別邸の執事も狭心症で急死してしまった。

自分自身も心臓病の持病を抱えているなかでこのような事態に直面すれば、誰でも弱気になって、将来に向けての整理を考えるなど、意識の変化が起こるのかもしれない。孫三郎は總一郎に継承して引退することを、より現実的なものととらえるようになったものと思われる。

事業からの引退

一九三八年（昭和十三年）一月、孫三郎は、軽度だが三回目の狭心症の発作を起こし、一ヵ月の療養を余儀なくされた。十一月には總一郎夫妻が米国経由で帰国し、孫三郎の引退計画はとうとう現実的に動き出した。翌一九三九年五月二日に孫三郎は、「今後の社長は、従来の如く単に業務の大綱を統《す》べるだけでなく、直接その業務に関与して事実にこれを指導するのでなくてはならぬ。然《しか》るに自分の健康は十分にそれを実行するに適せぬようになったので」という理由を示して、倉敷紡績と倉敷絹織の取締役社長を辞任することを表明した。

その後の五月八日に開催された各々の取締役会において孫三郎の辞任は承認され、神社《かんじゃ》柳吉（孫三郎の閑谷黌の同級生で元大原奨学生）が倉敷紡績の、總一郎が倉敷絹織の次期社長に決定した。両社の相談役に就任した孫三郎は、京阪《けいはん》電鉄会社や中国信託会社など、その他の企業で引き受けていた役員も辞任した。

1939年７月28日（孫三郎数え60歳の誕生日）、倉敷の大原家本邸にて（左より總一郎夫人真佐子、孫三郎、總一郎長女れいこ、長男總一郎）（『大原孫三郎傳』より）

残るは中国銀行の頭取だけであったが、この辞任だけは先送りしなくてはならなかった。それは、後継者にと考えていた中村純一郎が前述したように病気で倒れ、孫三郎より先に引退してしまったためであった。

引退の実行にとりかかった孫三郎ではあったが、翌六月に、四回目の狭心症の発作に見舞われ、一ヵ月半の静養生活を送った。

その後も、中国銀行の頭取の後継者選びは続いた。孫三郎を支えつづけた原澄治、倉敷紡績の神社社長、中村純一郎などと孫三郎は何度も打ち合わせ相談を行った。そして、とうとう、朝鮮銀行副総裁を務めていた公森太郎に依頼することで話がまとまった。

交渉役を任された神社が東京の朝鮮銀行へ何度か出向いて話し合いを持ったところ、想像以上に簡単に話はまとまったという。こう

晩年の孫三郎、岡山の荒手茶寮にて（『大原孫三郎傳』より）

して、一九四〇年一月三十日の中国銀行定時株主総会で孫三郎は、頭取を辞任して平の取締役となり、公森が中国銀行の頭取に就任した。

この株主総会後に開催された支店長会議で孫三郎は、「本年は紀元二千六百年で、銀行の機構にも根本的な建直しを要する時代であると思うが、私は近来健康を害し、各位と御一緒に働くことができないので、ここに公森君をお迎えした次第である。同君は、本県の御出身であり、東都財界で重きをなされた御経験家でありますから、中央との連絡もよくなり、県のためにも誠に幸せと思う」との考えを語った。

孫三郎は、引退を実行に移そうと考えたときから、その時期は、一九四〇年の還暦時と想定していたが、そのとおりに還暦まで五ヵ月を残して事業からの完全なる引退を果たした。

その後の孫三郎は、民芸作家や花柳章太郎、井上八千代といった芸能家などを支援したり、茶の湯に興じたりといった趣味を楽しむ生活を送った。

孫三郎の戦争観――平和論にも傾倒

引退の翌年、太平洋戦争が始まった。孫三郎は、戦争についてどのように考えていたのだろうか。

日露戦争のさい、多くの国民は、日本軍の連戦連勝に熱狂し、戦争を支持した。しかし、数は少ないが内村鑑三や与謝野《よさの》晶子《あきこ》など、戦争に反対する声をあげた人たちがいたことも知られている。内村などのキリスト教徒のごく一部の人々や社会主義者の一部の人々、そして人道主義を説いたトルストイ主義者がその例といえよう。

『平民新聞』はトルストイの「日露戦争論」の訳を連載した。また、キリスト教と社会主義の影響を受けていた木下尚江《きのしたなおえ》は、非戦の思いを込めた小説『火の柱』『良人《りょうじん》の自白』などを発表した。

第二章で述べたが、ちょうどこの時期、孫三郎は、結婚直後にして肋膜を患い、入院、そして明石で転地療養生活を送っていた。時間があったこともあり、孫三郎はこれらの論考を好んで読んだ。一九〇四年（明治三十七年）十一月七日の日記には「戦争は良民を苦しめ、どの方面から見ても理屈のたたぬ暴挙である。戦争を喜ぶのは御用商人のみなり」と記している。孫三郎はもともと平和論者だったと伝えられているが、この日記の文言から、その側面をうかがい知ることができよう。

ちなみに孫三郎は、前述したように浦上玉堂や雪舟などの東洋美術品を好んで蒐集したが、満州事変などの影響もあって刀剣類への関心が世間一般で高まったさいにも、それらには一切興味を持たず、手を出さなかった。

しかし、そのいっぽうで、日露戦争時には、国民の義務として戦時公債には出来るだけ応募するように父親に勧めると同時に、傷病兵のための寄付金募集や毛布献納運動なども積極的に支援した。

また、中国で盧溝橋《ろこうきょう》事件が起こった一九三七年（昭和十二年）には、銀行や倉敷紡績などで、「こういう戦時状態にあっては内で仕事をする者も決死的決意を持って働いて頂きたい」、「今回の支那《しな》事変はわが国としては真に有史以来曽《かつ》てない大事件であって、この事変の結果如何《いかん》は、日本の将来に影響するところ極めて大なるものがある。然るに現在日本人の緊張味がどうも足りない感がある。殊《こと》に日本の学者や学生等はこの事変に余り関心を持っていないのではないかとさえ感ずるが、これは日本国民の精神教育に欠けているものがあるのではないか。日本国民全体に武士道教育が欠如したため真剣味がなくなり、国家観念が薄らいだのではなかろうか。この重大事局に我々国民の最も警戒を要する点である」というような訓示を行っていた。

このような企業経営者としての孫三郎の訓示は、やはり、戦後経済を心配する言葉が多数を占めていた。「戦争の結果はやがて悪性のインフレーションが起こるものと予想される」ことや「たとえ戦争には勝ったとしても、結局対外経済戦争が長期に亘《わた》れば、まず百億の公債は発行されると見なければなるまい（中略）輸入を防遏《ぼうあつ》して国内消費を節約し、輸出は極力増加して国際収支の改善を図らねばならぬ」ことを孫三郎は訴えかけていたのであった。

このように見てみると、平和論に傾倒していた孫三郎ではあったが、その反面、戦争という現実を受け入れ、現実的な対処を行おうと努めていた側面もあったことがわかる。企業経営者であり、リーダーシップを発揮して実際に活動した孫三郎と、ペンの力で訴えかけた内村鑑三たちとを単純に比較できないことは確かである。しかし、何事も絶対に非戦という姿勢でもって反対論調をはった内村や同志社出身の牧師、柏木義円《かしわぎぎえん》などとはやはり異なる姿勢であったといえよう。

「生涯一片青山」

一九四二年（昭和十七年）の秋頃から孫三郎の心臓病の症状は悪化しだした。そのため、看護スタッフが常時付き添うという生活を送るようになった。

年末から年始にかけても孫三郎は体調を崩していたが、一九四三年を迎えた元旦から通常の生活を送ろうとした。そして、恒例どおりに家族と祝膳《しゅくぜん》を摂《と》り、その後は書き初めもこなした。

このとき孫三郎は原澄治が見守るなかで「忠誠」と「生涯一片青山《せいざん》」の二枚を書いた。結局、これらが孫三郎の絶筆となったのだが、「人間の生涯は、貴賤《きせん》貧富の差別なく、最後は、平等に青山の一片の土となる」という「生涯一片青山」は何とも意味深長である。

二日には、近親の青年子女を正月休暇に大原家に集めて懇談し親睦《しんぼく》を深める早蕨会《さわらびかい》[1]が開催され、孫三郎も出席した。このとき孫三郎は、「物資不足の折柄《おりから》御《ご》馳走《ちそう》は出来ないが、二人の講師に支那のお話をして頂くこととするから御清聴願いたい」と挨拶《あいさつ》し、引き続いて、親戚の守《もり》屋正《やただし》による「帰還直前の支那事情」と、後に桜美林学園を創設した清水安三による「支那の現状」という講演が行われた。

元日の夜とその翌日の夜も、寒さと無理がたたったのか、孫三郎は狭心症の発作を起こした。しかし、それでも発作が収まってしまえば、具合はそれほど悪そうにも見えないため、三日の朝に總一郎一家は倉敷を発《た》って神戸の家へ戻って行った。

ところが、それから三日後の六日の夜遅くに、孫三郎は激痛と呼吸困難に襲われた。そのときの主治医、松原博士の治療記録によると、孫三郎は急性心臓機能不全による肺水腫《はいすいしゅ》を起こしており、最大血圧は二百mmHgを超えていた。孫三郎の容態急変の連絡を受けた總一郎は、翌朝、倉敷へ舞い戻った。

東京遊学へ旅立った日に他界

十一日には再度発作に見舞われ、容態は予断を許さないものとなった。十八日の朝に總一郎が孫三郎の部屋へ行ってみると、孫三郎は布団の上に座って、「ありがたくて、ありがたくて」と涙を流しながら合掌していた。孫三郎は、見ず知らずの人までもが自分の全快を祈ってくれている夢を見たというのであった。

午後二時三十分頃になって突然、孫三郎は激しい発作に襲われ、午後三時三十分に六十二歳と半年で生涯の幕を閉じた。奇《く》しくもこの日は、孫三郎が青年時代に念願かなって東京遊学へ出発した日であった。

翌日、「故人の遺志により時局柄御供物等は一切拝受致兼《いたしか》ね候《そうろう》万一御届被（中略）御辞退可申上《もうしあぐべく》候間　何卒不悪御諒恕《なにとぞあしからずごりょうじょ》賜り度候《たくそうろう》」と付記された孫三郎の葬儀通知が總一郎名で出された。葬儀準備委員長は原澄治、副委員長は林源十郎（石井十次を支援していた林源十郎の同名の子息）、委員には公森太郎、近藤万太郎、武内潔真などがあたり、大原邸近くの鶴形山にある檀那寺の観龍寺で一月二十三日に葬儀が執り行われた。岡山県出身の陸軍大将、宇垣一成《うがきかずしげ》（一八六八―一九五六）の書による「大原敬堂《けいどう》之墓」は、この観龍寺近くの大原家墓所にある。

二　孫三郎の無形の遺産

孫三郎が設立した組織、団体——倉敷紡績やクラレなどの企業や大原美術館、三つの科学研究所など——は、多少は形を変えながらもほとんどが現存していることはこれまでにもふれてきた。

しかし、これらの有形のものだけを孫三郎は遺《のこ》したわけではなかった。人づくりという孫三郎の無形の遺産が、戦後日本の復興期や経済成長期にリーダーシップを発揮し、大きな役割を担った。

大原奨学会設立の経緯

孫三郎の東京での借金整理の最中に亡くなった義兄、邦三郎は、前途有為な青年に学資を支援する育英事業、大原奨学会を構想し、一八九八年（明治三十一年）に規定の草案を作成した。これに目を通した孫三郎の父、孝四郎は、意義を認め、基金の十万円を提供した。

その年に邦三郎が急死してしまうと、孫三郎がこの事業に尽力した。しかしその前に、孫三郎は、閑谷黌時代の友人、河原賀市に学資の支援を行っていた。河原が苦学を覚悟で東京の第一高等学校に進学することに心を動かされたためであり、支援は、河原が東京帝国大学へ進んだ後も続けられた。この河原が実質上の奨学生第一号であった。

邦三郎が亡くなった翌年の一八九九年二月に孫三郎は上京し、犬養毅や阪谷芳郎（渋沢栄一の次女、琴子と結婚）、日本銀行の副総裁を務めた木村清四郎《きむらせいしろう》など、岡山県出身の有力者にその奨学金規定を示しながら、候補者推薦や審査などを行う委員への就任を依頼した。

これらの人々の賛同を得て孫三郎は、貸資生会《たいしせいかい》を発足し、大原奨学貸資規則を公表した。これが、様々な人材を生み出した大原奨学会の始まりであった。大正末までに数百名の若者が学資の援助を受けた。

大原奨学生と大原会会員

孫三郎は、学資援助の決定を下す前に、可能な限り志願者に直接面接し、その人物にふれた。当初、孫三郎は、手書きの激励メモを添えるなど自らが送金の作業にあたっていた。結婚後は、奨学金のくわしい取りまとめなどは、孫三郎の夫人、寿恵子が担当するようになったようである。

奨学生や元奨学生たちによって、東京、京都、岡山などの各地で大原会がつくられ、懇親会などが開催された。大原会会員は、孫三郎を招待した。孫三郎のほうも会員との交流を大切にし、可能な限り懇親会などには出席していた。また、孫三郎も、夏季休暇中に倉敷や岡山に帰郷していた大原会会員と海水浴に行くなどのイベントを企画した。

最晩年には、「内輪の者を引立て、信じてやらせてみる方針に変更した。この方が正道と思う」と欧州留学中の總一郎への書簡で記述していたが、それまでの孫三郎は、「内輪の者」よりも大原会会員を積極的に関連事業に採用していたようであった。このことを孫三郎は、大原会員輸入主義（養子主義）と表現していた。
しかし、後述のように、孫三郎は功利主義的な思惑があって学資を支援していたわけでは決してなかったが、結果としては、大原会会員が後日、孫三郎の事業などを直接、間接に支援したことも多かった。たとえば、孫三郎は、一九二七年（昭和二年）の近江銀行の整理のために私財提供を決断したさいに、日銀総裁の井上準之助と面会して善処を依頼し、以降も親交を持ったのだが、これも元大原奨学生の橋渡しがあったのだろうと推測されている。

人材育成

前述したように、孫三郎と近かった人物には大原奨学生だったことが明らかになっている人物が多いので、それらの人々を中心に元大原奨学生を簡単に列挙してみることにしよう。ただ、支援される側のプライバシーと自尊心という繊細な問題に関わるので、大原家のほうからは詳細は一切公表しないという姿勢が貫かれてきた。それでも、自らが他人に語ったり、あるいは、孫三郎の事業を支える過程において、自然と大原奨学生であったことが周知となってきた人たちも多い。ここでは、周知の人を中心にして、大原奨学生と孫三郎の無形の遺産についてまとめてみたいと思う。

①児島虎次郎　西洋画家。後輩画家のために、西洋絵画を蒐集することを懇請し、大原美術

館創設のきっかけをつくった。

②近藤万太郎　農学者。東京帝国大学農学部大学院で種子学を専攻後、孫三郎の支援でドイツやスウェーデンに留学し、一九一四年（大正三年）に帰国。大原奨農会農業研究所の所長に就任。

③薬師寺主計　建築家。東京帝国大学工学部卒業。陸軍に入り、「勅任技師」という位をはじめて与えられた。後に倉敷紡績に入社、孫三郎を助けた。孫三郎が尽力した倉敷の町づくりで設計、建築を担当した。大原美術館、大原家別邸の有隣荘などを設計。

④神社柳吉　倉敷紡績社長。孫三郎と閑谷黌の同級生で京都帝国大学法学部卒業。倉敷紡績で孫三郎を助けた。孫三郎が事業活動を引退するさい、倉敷絹織は大原總一郎が、倉敷紡績は神社が社長の座を継承。

⑤武内潔真　大原美術館館長。東京帝国大学卒業後、倉敷紡績に入社。その後、大原美術館の初代館長に就任。三橋とともに、孫三郎と民芸運動家との橋渡しを行った。

⑥三橋玉見　医師。東京帝国大学医学部卒業。濱田庄司や柳宗悦たち、民芸運動家と孫三郎を結びつけた孫三郎の主治医。十年に一度大病をした孫三郎がその都度回復できたのは三橋の尽力といわれていた。

⑦公森太郎　中国銀行頭取。第一高等学校から東京帝国大学を経て大蔵省入省。日本興業銀行入行。その後、朝鮮銀行副総裁を務め、孫三郎が銀行業務を引退するさいの継承者とな

った。孫三郎の北京視察時に案内を行った清水安三と孫三郎の橋渡しを行った人物。

⑧友成九十九《ともなりつくも》　ビニロン開発者。東北帝国大学で学び、ドイツへ留学。ドイツでは、京都帝国大学の桜田一郎博士と同じ研究室で学んだ。第二次世界大戦後に倉敷レイヨンが工業化に成功した国産初の合成繊維、ビニロンの開発を大原總一郎とともに主導した。

⑨土光敏夫《どこうとしお》(2)　石川島播磨《いしかわじまはりま》重工業会長。経団連の会長も務め、中曽根康弘《なかそねやすひろ》内閣時の「増税なき財政改革」、「めざしの土光さん」で知られる。

さらには、厳密な大原奨学生の範疇《はんちゅう》に含まれないかもしれないが、孫三郎によって欧米留学を果たしたり、活動の支援を受けた人物も多いので、その代表的な人物を次に示しておく。

⑩田崎健作　牧師。一九二三年（大正十二年）に倉敷教会に赴任して以降、孫三郎と親交を結んだ。田崎牧師は、二年分の生活費に相当する金額と夫人を同伴しての一年間のドイツ留学費用を孫三郎と林源十郎から受けた。また、太平洋戦争中にも孫三郎等は田崎の生活資金を援助した。大原家所蔵のインタビュー録によると、田崎は、倉敷を去るさい、林源十郎の子息から貯金通帳を受け取っていた。林源十郎は、通帳のことは決して田崎に言わないように、いよいよ困ったときに出すようにと息子に指示していたという。林源十郎や孫三郎などが貯金していた六万円ほどを受け取った田崎は、「その時代の六万円は大変なお金です。そのお金のおかげで私は、本郷教会も助けて、月給なんか何一つもらわずに続

けることができました」と振り返っていた。

⑪清水安三　桜美林学園創立者。孫三郎は、結果的に生涯一度きりの海外視察となった北京を訪れたさい[3]の案内役、清水安三にも援助を行った。清水は劣等生であるというような同志社の同窓生などからの中傷が孫三郎の耳にも入ってきたが、孫三郎は、「支那に対し奪うことのみしか考えない日本人が多い中にあって清水の行っている事業に援助を与えることは、日本人の犯した罪の償いの一部という気持から発するのである」と語り、中国の裕福ではない家庭の子女教育に北京であたっていた清水の活動に援助を惜しまなかった。清水は、孫三郎の援助を得て夫人同伴で、米国オハイオ州のオベリン大学へ一九二四年（大正十三年）の秋から二年間留学した。留学後も清水は中国に滞在し、活動支援金を得るために時折帰国していたのだが、そのようなさいには清水は大原邸を訪問し、孫三郎から支援を得ていた。ちなみに第二次世界大戦後の一九四六年（昭和二十一年）三月に北京から帰国し、桜美林学園を創設した清水は、孫三郎の子息、總一郎からもかなりの額（一回は三十万円。清水の回想によると当時の桜美林学園の先生の月給は五百円）の支援を受けたことが大原家所蔵の清水のインタビュー録からわかる。

⑫柳宗悦や濱田庄司、河井寛次郎、バーナード・リーチなどをはじめとする民芸運動家　第六章でもふれたが、東京駒場の日本民藝館は孫三郎の支援を得て建てられた。

⑬山室軍平　救世軍士官。禁酒・廃娼《はいしょう》運動などを展開したプロテスタントの団体である日本

救世軍を率いた山室に対しても、その活動初期から孫三郎は支援を行っていたことが田崎のインタビューからわかっている。また、同志社大学人文科学研究所所蔵の「林源十郎資料」には、孫三郎に寄付を依頼する山室からの書簡や寄付金の領収書などが含まれている。

⑭徳富蘇峰　孫三郎もアドバイスを求めていたが、直接間接的に孫三郎が支援をしていたことも確かだと思われる。(4)

⑮早稲田大学の教授陣　孫三郎が東京専門学校を中退した直後の一九〇二年（明治三十五年）十月（この年に東京専門学校から早稲田大学と改称）の五百円を皮切りに、孫三郎は早稲田大学基金へ何度となく寄付を行った。現在の早稲田大学が自前で研究者・教員養成に力を入れだした時代に孫三郎は、大隈重信との縁からスタートして、様々な支援に大金を投じた。たとえば、労働問題研究の委嘱や研究支援、教授陣の留学など。その一部を次に詳述する。

i　「労働問題調査会」　永井柳太郎《ながいりゅうたろう》、安部磯雄などが主査となって研究が行われたこの調査会に対して孫三郎は一九一一年（明治四十四年）から一五年（大正四年）にかけて七百五十円の資金援助を行った。安部磯雄は『社会問題概論』の自序の中でこのことにふれていた。

ii　浮田和民　法学者。第一次世界大戦後の世界の思潮調査のための海外見聞へ孫三郎によって派遣された。浮田たちが孫三郎への報告として提出したものと思われる一冊のアルバ

ムが大原家に保存されている。(5)

iii　寺尾元彦《てらおもとひこ》　早稲田大学法科長、法学部長。一九一二年から三年間に及ぶドイツ留学費用を原澄治の橋渡しで孫三郎が支弁した。(6)

⑯その他、画家の土田麦僊、音楽家の兼常清佐らも留学支援などを受けた。

⑰孫三郎が設立した機関からも研究員が欧米留学したことは既述したが、ここで改めてまとめておくことにしよう。

i　三つの研究所関係者（高野岩三郎、大内兵衛、森戸辰男、櫛田民蔵、久留間鮫造、権田保之助、細川嘉六《ほそかわかろく》、高田慎吾、暉峻義等、松本圭一など）

ii　倉敷中央病院（辻緑、波多腰正雄、早野常雄、脇田正孝など。ちなみに、大原總一郎と交流を持ちながら戦後日本の復興を牽引した経済学者で、官民の重要ポストも歴任した稲葉秀三《いなばひでぞう》の義理の兄は、倉敷中央病院の小児科部長を務めた人物であった。この医師も孫三郎によってオランダ、ドイツへの留学に一年間送ってもらったことを稲葉は明らかにしていた(7)）

孫三郎の思い

倉紡中央病院の開院とほぼ同時期に落成した倉敷教会に赴任してきた牧師、田崎健作は、倉敷を去った後には京都へ行き、その後は東京の本郷教会の牧師となった人物であった。寿恵子夫人が危篤に陥ったさいには、夫人が会いたがっているからと孫三郎が電話で京都から倉敷へ呼び寄せるほど両者は親しかった。

孫三郎は、周囲を憚《はばか》ることなく自分に意見を言ってきた田崎に信頼を寄せていた。いっぽうの田崎も「今日の私が形成されたのは、全く倉敷のおかげである。今日の倉敷は、昔とちがって、非常に大きな変化をなしつつあるが、その根幹をなしたものは、故大原孫三郎氏と、原澄治氏とを中心とした、文化的発展」であり、「倉敷に於ける、十五年の生活の中で、最も影響をうけた人物は、木村和吉、林源十郎、大原孫三郎、原澄治、三橋玉見、等の諸賢である」と回顧していた。

この田崎が、人材支援について、孫三郎と交わした会話を伝えていた。孫三郎の学資支援を得て中学から高校、大学と、また海外留学までも果たしながらも、なかには一切便りをよこさない人物がいたそうである。

孫三郎も人間であるから、不愉快に思い、もう奨学金を出すことはやめようかということを夫人に話したところ、夫人から、「それはいけません。あなたが金銭を出したからこういう結果になるとか、目に見えるようなことはいけません。名前は知られてはいけません。私は書きひかえていますが、名前は決してあなたには申しません。ただ、東大には何人いる、欧州への留学者は何人、何人は六高（第六高等学校。岡山）にいるということだけ申します。あなたは、そのお金だけを出せばそれでいいんです」と言われたと、孫三郎は田崎に語っていた。

「地下水づくり」

孫三郎は、また、次のようなことも田崎に言っていたという。「地下水というものがある、雨が降ってそれが地下に落ちていればこそ、樹木や野菜、田んぼなどもみんなできるんである。ただ表面だけで流れておる川であったらそれはだめだ。かえって泥水になるより他にない。そのようなことはやめなければならない」。このように孫三郎は人材育成についても「地下水づくり」に徹することの重要性を語っていた。

「地下水づくり」に助けられた堤防づくり

実際に孫三郎は、地下水が時間を経て大地を潤すような経験をしていた。孫三郎はあるとき、知事から相談を受けて、氾濫《はんらん》を頻繁に起こしていた高梁川《たかはしがわ》の堤防づくりのために内務省を訪問した。すると、土木局長が「実は私は六高、東大、ドイツ留学までをみんなあなたからさせていただいたのですが、若さゆえ、金を出してくださる人に頭を下げるのも嫌で、感謝の言葉を一度も述べたことがありませんでした。こんな年齢になってからで申し訳なかったが、いまさら訪ねていくわけもいかず、今、こうして名刺をもらって驚きました」と申し出て、高梁川の善処を了解してくれた。

「そういう人がいたからこそ、高梁川の大きな堤防が十年もかかって完成したんだ。だから田崎さんも、信者であろうと信者であるまいと、そんなことは考えずに、ただ真面目《まじめ》にね、熱心に人に親切にしていればそれだけでいいんだから。地下水をつくるためなのだから」ということを孫三郎は田崎に言っていた。

これらの田崎の回顧談からもわかるように、孫三郎の人材支援は、短期的視点に基づくものでも、また、自己利益を意図したものでもなかったことが明白である。孫三郎は、支援を受けた人物にとってプラスになり、そして、助けられた人物が周辺に何らかの良い結果をいつかもたらせればそれでよいと考えていた。経済や社会文化へ貢献する可能性としての種をまこうと考えていたに過ぎないと思われる。

三　人を信じる心――父親、夫人、石井十次

寿恵子夫人の見守り

孫三郎自身も、振り返れば、信じる心で育てられた経験を有していた。寿恵子夫人は、臨終に立ち会った田崎牧師に対して、總一郎は神から授かった子であるから心配はしていないが、孫三郎が心配だと告げていた。寿恵子夫人は、孫三郎は「非常にわがままですから、私が一生懸命注意したけれども、なかなか聞きませんでした。誰も言う人がいなくなってしまいます。私はこれで去って行きますから。何かあったならば、どうか思い切って注意してやってください」と孫三郎に今後も進言することを田崎に依頼した。[9]

寿恵子夫人が孫三郎に進言し、孫三郎がその考えを体現していたことについては、奨学金の項でふれたが、夫人が孫三郎を信じる心で見守り、ときには教え導くことがあったことは間違いないだろう。

「石井さんは最期まで私を信じきって」

父孝四郎の孫三郎を信じる心については、第一章で述べたが、林源十郎や石井十次の信じる心も孫三郎という人材を育成した。孫三郎の生涯のモットーは聖書の「山上の垂訓」の「心の貧しき者はさいわいなり。天国はその人のものなり」であった、と田崎は伝えていたが、孫三郎の次のような言葉も明らかにしていた。

「『私が時々、やけになって、また道楽を始めても、石井さんは必ず、大原は、立ち返って来る、彼は偉大な立派な人物になるのだと見守ってくれた。もし、石井さんが早く私を見放し、見捨てて下さったなら、私はどんなに気楽に、思うままに道楽をし、勝手気ままな人生を送る事ができたことか。しかし、私はまだ世間の悪評の中に我儘《わまま》道楽を続けておるにもかかわらず、石井さんは私を最期まで信じきって死んでいかれた。死ぬまで私を信じていただいた私としては、石井さんを何としても裏切ることはできなくなってしまった』と大原さんは述懐していました。こういうジレンマの中の青春生活が大原孫三郎なる人物を創造したのではないかと思われます。自分は学問がない、ということが、人材を集める、これに大きな役割を果たしたのではないかと思われます。これがまた石井先生の志をつぐ方向へと向かわれたようでありま す」。このような田崎の回顧談からわかるように、脇道《わきみち》へそれても孫三郎を信じていた石井十次の心もまた、孫三郎という人物を育てていたといえよう。

四　現代的意義

總一郎に引き継がれた思い

孫三郎の幅広い活動は収斂《しゅうれん》、発展させられながら總一郎によって引き継がれていった。両者の活動した時代には大きな違いがあった。孫三郎は、近代化、資本主義化が進み、経済的・社会的な格差が拡大していった時期に民間人の立場から率先して活動を展開した。いっぽうの總一郎は、戦後復興期から高度経済成長期にかけてリーダーシップを発揮した。そのため、両者はまったく異なったようにとらえられるかもしれない。しかし、突き詰めて見てみると、共通点の多いことがわかる。

「總一郎は私の最高傑作」と孫三郎は誇らしく思っていたが、孫三郎の無形の遺産、總一郎は国境を越えても大きな働きをした(10)。中国との国交が回復されていなかったときに、中国の要請を受けて合成繊維、ビニロンのプラント輸出に踏み切った。苦労して開発した国産初の合成繊維の、それも製品ではなくプラントを、当時まだ「中共」と呼ばれていた中国へ障害を乗り越えて輸出する主な理由は、戦争によって中国の人々の心身を荒廃させてしまったことへの償いであった。

このとき築かれた人と人をつなぐ水脈は、世界的な指揮者、小澤征爾《おざわせいじ》の中国での音楽教育活動に役立った。總一郎の長女で音楽プロデューサーの大原れいこが小澤の中国での活動の橋渡しをすることができたのであった。

また、總一郎の他にも、孫三郎の無形の遺産が戦後日本の社会をリードしていた。

孫三郎が自腹を切ってまでも支援しつづけた大原社会問題研究所の高野岩三郎、森戸辰男などは、戦後の憲法研究会において、日本国憲法に最も影響を与えたといわれている草案づくりに従事した。その他にも大内兵衛、有沢広巳《ありさわひろみ》（一八九六―一九八八）、宇野弘蔵、清水安三なども、戦後日本の経済、学術、教育、公共などの分野を牽引した。

二〇〇一年（平成十三年）のノーベル化学賞を受賞した野依良治《のよりりょうじ》は、合成一号（後にビニロンにつながるもの）の製造に成功した桜田一郎に触発されて化学を学ぼうと思った、桜田は「ノーベル賞へのレールを敷いた高分子化学の父」だと明かしているが、[11] この桜田にもまた總一郎が援助を行っていた。

そして、總一郎が独創性を発揮して展開した倉敷・岡山地域に軸足を置く活動（レコードコンサートや美術館での音楽コンサートなど）のいくつかは、總一郎の三人の子供によって、今も引き継がれている。

「語り伝えるに値する財界人」

反抗の精神が強かった孫三郎は、本来ならば経営する企業から出してもよさそうな資金まで も自分のポケットから出していたといわれる。しかし、富者ならば誰もが孫三郎になり得たの だろうか。

マルクス経済学の研究者として有名な大内兵衛は、岩崎弥太郎《いわさきやたろう》や安田善次郎ほど孫三郎は巨 大な実業家ではないが、得た富を公益事業に使用したという点では三井も三菱《みつびし》も、いかなる実 業家よりも偉大な結果を生んだ財界人で、「語り伝えるに値する財界人である」と評していた。⑫ 孫三郎以上に、経済活動（稼ぐこと）と社会文化貢献活動（公益のために使うこと）を両立しよ うとした実業家はどのくらいいるのだろうか。

情と理の両立を目指して

孫三郎は、一人ひとりの民衆の人間性を見る目と気配りを備えていたが、「何かを実行しよ うと思ったときに、算盤を持たずに着手したことはない」とも語っていた。また、社会事業家 とみなされることを孫三郎は好まなかったという。孫三郎は、あくまでも経済性を追求する経 済人の立場から、情と理を両立して、社会の中に共存共栄を実現しようと生涯にわたって尽力 しつづけたのであった。

しかし、孫三郎は、「片足に下駄、もう片方の足に靴を履いて歩き続けようと思ったが、自分の一生は失敗の歴史であった」と語っていた。経済性や合理性（理）を追求した企業経営と、人間愛と使命感（情）に基づいた社会改良の両立への挑戦は、葛藤と困難の連続だったと思われる。

「善意で山は動かない、戦略が山を動かす」

経営学者のピーター・ドラッカーは、「善意で山は動かない。山を動かすのはブルドーザーである。使命と計画書は善意に過ぎない。戦略がブルドーザーである。戦略が山を動かす」と述べたが、まさに孫三郎は、使命感と惻隠の心だけではなく、実現可能な計画と戦略を持って、理想実現のために思いついたら即座に行動を起こしつづけたのであった。

我々は今後も、情と理のバランスが求められる多くの問題に直面しつづけるだろう。そのようなとき、「下駄と靴」、「人間愛と経済性・合理性」の両立に苦心しつづけた孫三郎の思想や信念、実践に学ぶことは、有意義であり、必要なことだと考える。孫三郎は、これからますます「語り伝えるに値する財界人」となっていくだろう。

あとがき

大原孫三郎と向き合って十年以上の月日が流れた。そのあいだ、孫三郎に関する二冊の学術書（『福祉実践にかけた先駆者たち――留岡幸助と大原孫三郎』藤原書店、二〇〇三年、『大原孫三郎の社会文化貢献』成文堂、二〇〇九年）を刊行することができた。しかし、大原孫三郎と總一郎父子を中心にした研究を進めるなかで、一般の方々にももっと「善意と戦略の経営者」を知ってもらいたいという思いは強くなるいっぽうであった。

そのようなとき、『河合栄治郎――戦闘的自由主義者の真実』（中公新書）などを世に出してきた友人の松井慎一郎先生のご助力を得て、新書にまとめる機会を得ることができた。初めての新書執筆は、楽しく、そして同時に大変な経験でもあったが、実に多くのことを学んだ。孫三郎とあらためて対話をし、時代背景も含めて様々なことを見つめなおすこともできた。

大原孫三郎についての既刊二冊をベースにしながらも、新たに見出したことなどを多々盛り込みながら一から書き直した本書は、多くの方々のお力を借りて刊行までたどりついた。恩師の古賀勝次郎先生、大原美術館理事長の大原謙一郎氏、大原れいこ氏、正田泰子氏、大原あかね氏、倉敷の安井昭夫氏、大野彰夫氏、山本俊夫氏、原敬夫氏、林良子氏、小熊ちなみ氏、株式会社クラレ会長の和久井康明氏、原道彦氏、倉敷芸術科学大学の時任英人先生をはじめ、お世話になった方々は数多い。感謝の気持ちでいっぱいである。心から「ありがとうございます」と申し上げたい。

そして最後に、いつも支えてくれている両親に本書を捧げることをお許しいただきたい。

兼田麗子

二〇一二年十一月二十日

ニロンの開発と中国への輸出については、兼田麗子『戦後復興と大原總一郎——国産合成繊維ビニロンにかけて』などを参照。

(12) 大内兵衛『高い山——人物アルバム』岩波書店、1963年、213、227—228頁。

早稲田大学日本地域文化研究所編『日本地域文化ライブラリー5　肥前の歴史と文化』（行人社、2010年）を参照。

(7) 稲葉秀三「大原総一郎氏を想う――人間と思想と実践の発展について」『フェビアン研究』19（12）、日本フェビアン研究所、1968年12月号、22―25頁。

　稲葉は、中学生の頃から倉敷をたびたび訪問した経験を有していた。青少年時代の稲葉は總一郎に接する機会はなかったが、戦後の経済再建の時代になって2人は出会い、交流を深めていくことになった。稲葉は、都留重人や有沢広巳、木村健康などとともに、總一郎が設立した日本フェビアン研究所のメンバーとなった。

(8) 孫三郎夫婦は結婚後7年間、子供に恵まれなかったため、寿恵子夫人は、治療を受けたり、孫三郎とともに有馬温泉へ行ったりしていた。石井十次もこのことを心配し、2人のために祈りを捧げ、それと同時に、寿恵子夫人にも5日間の断食と祈禱を勧めた。その後、總一郎が誕生したため、寿恵子夫人は「神に授けられた子」と總一郎を呼んだと思われる。

　寿恵子夫人は、産婦人科医であった佐藤寛子（佐藤栄作夫人）の父親からカウンセリングを受けていた。そのため、後年、總一郎は、「私はあなたのお父様のおかげで生れた」と佐藤寛子に語ったという。寛子は、自分の人生にも社会に対しても誠実に生きている總一郎を心から尊敬していたと明かしながら、このような縁を「ただ一つ、亡夫・栄作に誇る」と書いていた（『毎日新聞』夕刊、1979年1月30日）。

(9) 寿恵子夫人の臨終のさいの言葉を田崎が孫三郎に伝えると、孫三郎は「いや、よくわかりますよ。私が文句を言うと誰も反対の事を言いませんでなぁ、ですから何でも遠慮なく言ってください。ただし、あまり大勢の中ではいわんように」と語ったということである。

　また、孫三郎は、田崎が人前でも思ったことをズケズケと言うので「実に閉口する。しかし、考えれば、自分が悪いんだからこれは致し方ないんですなぁ」と笑って言ったこともあった。このエピソードからも田崎と孫三郎の間にあった大きな信頼感を垣間見ることができる。ちなみに孫三郎は、「一番こわいのは總一郎とあなたですよ」とも田崎に話していた。

(10) 大原總一郎については、『大原總一郎随想全集』第1―4巻（福武書店、1981年）、井上太郎『大原総一郎――へこたれない理想主義者』（中公文庫、1998年）、兼田麗子『戦後復興と大原總一郎――国産合成繊維ビニロンにかけて』（成文堂、2012年）などを参照。

(11) 上山明博「"第三の繊維" ビニロンの発明者――桜田一郎」『FUJITSU 飛翔』No.48、富士通「FUJITSU 飛翔」編集室、2003年3月、31頁。ビ

他界後、真佐子夫人に返済できていない旨を清水が告げたところ、真佐子夫人は「元々返して頂こうと思ってお渡ししたものではありません」と言ったということであった（大原家所蔵の清水のインタビュー録参照)。

(4) 前述の「林源十郎資料」のなかには、蘇峰が孫三郎に寄付を仰いでいる書簡もあった。たとえば、急逝した山路愛山の書籍と遺稿を同志社へ寄付して「愛山文庫」とするために、1000円で引き取りを依頼していたもの、「帝国々民教育ニ対スル一大抗議一大刺激」のために、「一万円以上ノ御寄付ヲ」と書き、金額の右横に太字の傍線を引いて、金額を指定、強調していたものも見受けられた。

蘇峰のほうでも著作を孫三郎に送っていたようであるが、神奈川県中郡二宮町にある徳富蘇峰記念館には、孫三郎が毎年恒例のように桃やマスカットなどを送っていたことを示す書状が保管されている。

なお、農業研究所が財団法人となったさいに、大原家の経営となった果樹園の「楽山園」でつくった桃やぶどうなどを大原家は、高松宮家、賀陽宮家、若槻礼次郎、床次竹二郎、関屋定三郎、高橋是清、阪谷芳郎、中村憲吉、大久保利武、樺山資英、宇垣一成、渋沢敬三やその他交流のあった人たちに送っており、大原家には郵送の控えが保存されている。

(5) アルバムの見返しには、天洋丸で「大正九年三月二十二日に出発　翌十年三月八日に帰朝」と、また最終頁には「無事にかえりました　木村清松　撮影す」と書かれている。このアルバムにはアルバートホールやプラトンのアカデミーの遠景などの数多くの写真が貼付されている。これらの写真とそれに関連する内容を孫三郎は当時、きちんと確認していたと思われる。

(6) 旅費500円と1ヵ年当たり1500円の留学費用の寄付を孫三郎に依頼する書簡や規定の学費の半年分、あるいは1年分をまずは学校の会計へ送金してくれるように要求する書簡が早稲田大学側（市島謙吉）から原澄治に出されていた。

また、浮田和民は、社会問題研究のための孫三郎からの資金援助、そして、寺尾の留学支援に対しても礼を述べる書簡を原澄治に送っていた。大原家には欧州の事情などを細かく伝えた寺尾からの絵葉書が多数保管されている。

寺尾元彦の留学の経緯詳細などについてはすべて、早稲田大学大学史資料センターに保管されている「原澄治氏旧蔵　寺尾元彦留学関係資料」、金子宏二「市島謙吉書簡（原澄治宛四通）――寺尾元彦留学一件資料」『早稲田大学史記要』第32巻〈通巻第36号〉（早稲田大学大学史資料センター、2000年)、兼田麗子「大原孫三郎と周辺人物の人育て」

西経済連合会、1995年、71—72頁。
(19)『渋沢栄一伝記資料』第31巻、606—607頁。

【第八章】

(1) 亡くなった寿恵子夫人の短歌、「苔ふかく古りにし庭の内にして春はしどろにもゆる早蕨」に因んで名づけられた早蕨会は、1930年12月下旬に第1回が開催されて以降、毎年開催された。孫三郎は、寿恵子夫人が他界した直後から、近親者との親睦にも尽力してくれていた夫人の良妻賢母ぶりを偲ぶことが多くなった。特に、東京や京都などへ勉学のために出ている近親の若者などとは話をする機会もめっきり少なくなってしまった。そのため、年末から年始にかけての休暇のさいに、近親者を集めて早蕨会を開催することにした。
(2) 1917年4月から1920年3月までの東京高等工業学校（現東京工業大学）の3年間、孫三郎の学資支援を受けていた。大原家のほうでは一切発表することはなかったが、大原家所蔵の大原奨学生の関連書類（願書、証書、学資金領収書）の中に土光敏夫の氏名を発見した。同じ岡山県の企業人の影響の流れなどを考察しながら、企業人、民間人の役割を研究していく上では、この関連性は重視すべきことだと考えた。そこで、子息の土光陽一郎に大原奨学生としての土光敏夫にふれることに対して承諾を得、今回、ここに記述した。
(3) 北京周遊の翌朝、清水が孫三郎の滞在していた北京飯店（ワンフロアをすべて孫三郎一行が借り切っていた）を訪ねてみると、毛皮や宝石などを扱う多数の商人が集結していた。商人たちは、「リベートをやるから、なるべく買うようにしてくれ」と言って清水に通訳を依頼、清水はそれを正直に孫三郎に告げたところ、孫三郎はニコニコと笑っていたという。当時の清水の1ヵ月の生活費は100円、このとき孫三郎は、夫人への土産と思われるのだが、小豆粒ほどの小さな翡翠《ひすい》を4000円で購入した。傍らで見ていた清水が、「これ1粒落としていませんか。4000円の損になってしまいますね。(中略) 落としたと思って、もう1粒お買いになって私にくれませんか」と言った。孫三郎に用途を尋ねられた清水は咄《とっ》嗟《さ》にアメリカに行きたいと答え、それが後日、孫三郎の援助によって実現された。孫三郎から得た4000円（当時2000ドル）は夫人を同伴できる金額だった。

なお、証文も何も書かずに即座に總一郎が貸してくれた金銭については、清水が返済する前に總一郎は他界してしまった。清水が調べてみたところ、倉敷絹織など会社から出た金銭ではなく、總一郎個人のポケットから出たものであったことがわかったと清水は語っていた。總一郎の

しなかった時期」と定義していた（『生活古典叢書第四巻　職工事情』光生館、1971年、４頁）。

また、「原生的労働関係」はもはや放置できないと考えられるに至った理由を大河内は、「日本の陸軍が工場法の実現に対して陰の圧力になったのは、農村における頑健なる壮丁の確保こそ帝国陸軍の基礎だと思われていたのが、その前提が工女の出稼ぎ―結核―帰郷、によって掘り崩されつつあることに気づいたためであったといわれている」と指摘していた（同上、30頁）。

(10)『渋沢栄一伝記資料』第21巻、1958年、346頁。

(11) 武藤の祖父と父について、および、取り上げた武藤のエピソードや回顧については、『武藤山治全集』第１巻（新樹社、1963年、12―15、17、129頁）、武藤絲治『糸ぐるま随筆』（四季社、1953年）、有竹修二『武藤山治』（時事通信社、1962年）、筒井芳太郎『武藤山治伝　武藤絲治伝』（東洋書館、1957年）、植松忠博『國民會館叢書８　武藤山治の思想と実践』（國民會館、1994年）他を参照した。

(12) 武藤と中上川、朝吹の関連については、白柳秀湖『中上川彦次郎先生伝』（中朝舎、1939年、546―547頁）、大西理平編『朝吹英二君伝』（大空社、2000年、46頁）参照。

(13) 本文で取り上げた具体的な施策についてはすべて『武藤山治全集』第１巻（153―156、158―160、164頁）、同上、増補（1966年、410、421、430、439、441、445、478、495頁）、『鐘紡百年史』（鐘紡株式会社、1988年、120、122―126頁）他を参照。

(14) 本項でふれた武藤の考え、言葉はすべて『武藤山治全集』第６巻（176頁）、同上、第１巻（718頁）、同上、第４巻（14、32―33、30頁）参照。

(15) 倉敷紡績株式会社編『回顧六十五年』倉敷紡績株式会社、1953年、128頁。

(16)『武藤山治全集』第１巻、15頁。

(17) 労働問題が頻発するようになったが、「労働者はごく少数である上、その少数の労働者も労働問題を取り上げて騒いでいるわけではない。学者が煽動しているのだ」という武藤の主張に対し、吉野は、労働者と資本家が対等の地位ではないということは労働者のみの問題ではない、それを見過ごしたままにすることは社会健全上から考えても問題である、つまり、国民共通の問題であるから、学者が労働問題について発言することは、その本分を超えて介入しているということにはならないと反論した（吉野作造「代表的資本家の労働問題観」『吉野作造博士　民主主義論集』第５巻、新元社、1947年、95、240―267頁）。

(18) 藤田勉二「大原孫三郎氏」高橋彌次郎編『日本経済を育てた人々』関

年)、渋沢栄一述・中里日勝編『日本〈子供の歴史〉叢書27　回顧五十年――東京市養育院／福田会沿革略史』(久山社、1998年) 他を参照。

(2) 小野健知『渋沢栄一と人倫思想』大明堂、1997年、250頁。

(3) 渋沢華子『徳川慶喜最後の寵臣　渋沢栄一――そしてその一族の人びと』国書刊行会、1997年、279頁。

(4) 地方税支弁廃止案が登場して以降、東京市営の養育院になるまでの経緯は、『養育院八十年史』(120―121頁)、『養育院百年史』(60、77頁)、小貫修一郎編著『青淵回顧録』上巻(青淵回顧録刊行会、1927年、454―458頁) 他を参照。

(5) 第1回バザーを鹿鳴館で開催した慈善会は虚飾であるとの批判も受けたが、恤救《じゅっきゅう》を訴えかけるキャンペーンの役割は果たした。養育院の慈善活動に陰ながら尽力していた渋沢の先妻、ちよの1882年の病没後は、渋沢と翌年再婚した兼子がその役割を引き継いだ。また、渋沢の長女、穂積歌子(穂積陳重夫人)も次女、阪谷琴子(阪谷芳郎夫人)も、尊敬する父のために協力を惜しまなかったようである。慈善会については、『養育院百年史』77、148頁を参照。

　なお、孫三郎夫人の寿恵子を中心にして倉敷紡績社員の夫人が1920年に設立したさつき会も、開設した保育所、若竹の園(学術や社会事業関係で孫三郎を支援した小河滋次郎が命名)や販売部の運営を助けるために、バザーを開催した。

(6)『養育院百年史』(59頁)、東京大学法学部明治新聞雑誌文庫編『朝野新聞縮刷版』13(ぺりかん社、1982年)。

(7) 本文でふれた田口の見解はすべて、田口卯吉「東京府会常置委員四大意見」『鼎軒田口卯吉全集』第5巻、吉川弘文館、1928年、113―127頁を参照。

(8) この項目でふれた渋沢の考えや言葉はすべて、小野健知『渋沢栄一と人倫思想』(276頁)、山本勇夫編『渋沢栄一全集』第3巻(平凡社、1930年、168頁)、『渋沢栄一伝記資料』第31巻(1960年、63頁)、小貫修一郎編著『青淵回顧録』上巻(467―468、471頁)、渋沢秀雄『明治を耕した話』青蛙房(1977年、132頁) を参照。

(9) 社会政策学の先駆者、大河内一男は、原生的労働関係を「近代的産業が急速に登場し、農村家内工業の没落と農家世帯員の賃労働者化に対応しつつ、多数の賃労働者が新しい工場工業の中に吸収され、工場の規模、労使関係の規模が大きくなりながら、而もこれに対して、労使関係を規律する何らの法的措置が講ぜられず、雇入れや解雇、各種の雇用条件の決定がまったく雇主の一方的な恣意によって決定され、国家が公権力を発動させて労使関係を調整し、労働者を保護することを敢てしようとは

っている。この書簡は、高野岩三郎の娘であり、宇野弘蔵夫人となったマリアがおそらく日本語に訳したと思われる。

(4)『大原總一郎随想全集』第4巻、福武書店、1981年、89頁。

(5) 辻永「倉敷の名画を見る」『中央美術』2月号、中央美術社、1922年2月、17、23、25頁。

(6)「日本で最初の石造りの美術館——大原氏の社会事業の一つ　泰西名画、名陶器を公開」『東京日日新聞』1922年8月20日。

(7) 児島直平『児島虎次郎略伝』児島虎次郎伝記編纂室、1967年、156頁。

(8)「設立趣意書」については、松岡智子・時任英人編著『児島虎次郎』山陽新聞社、1999年、274—275頁を参照。

(9)「倉敷物語二十二」『朝日新聞』1995年3月16日朝刊、大原謙一郎談「倉敷からの発信を続けて——大原家の精神」『ラジオ深夜便』6月号、NHKサービスセンター、2006年、26頁。

(10) 藤田慎一郎『大原美術館六十年の歩み』1991年の講演録、176頁。

(11)『大原總一郎随想全集』第1巻、福武書店、1981年、88—89頁。

(12) 上田篤「都市の実験⑤　美術館の倉敷」『諸君！』文藝春秋、1981年9月。

(13) 大岡信・小倉忠夫・藤田慎一郎座談会「大原の心を語る——還暦美術館」。

孫三郎の意思を受け継いだ總一郎は、公開性と開放性、現代性などを徹底し、美術館の持つ機能を拡大させていった。總一郎は、絵そのものの価値以外にテーマも重視した。官能的な絵を極力回避した總一郎は、芸術至上主義の立場に加えて、個人的な感情（たとえば芸者や裸婦などの絵画は好まないなど）や一種の哲学ともいえる考え方にも正直であったといわれている。また、単なる経済的に富裕な企業家とは異なり、ゴッホ、ルノワール、ピカソ等、有名画家なら何でも、いくらでも買うということではなかった。

(14) このあとの柳の言葉は、『柳宗悦全集』著作篇16巻、筑摩書房、1981年、87、177、62頁を参照。

(15) 上田恭嗣『薬師寺主計——アール・デコの建築家』山陽新聞社、2003年、157頁。

【第七章】

(1) 養育院に関する数値などの詳細は、『養育院百二十年史』（東京都養育院編集発行、1995年）、東京都養育院編『養育院百年史』（東京都、1974年）、『養育院八十年史』（東京都養育院発行、1953年）、大谷まこと・一番ヶ瀬康子編『シリーズ福祉に生きる11　渋沢栄一』（大空社、1998

得ぬ人びと』角川書店、1969年、126—127頁)。

(19) 孫三郎は、日曜講演会に大隈重信を招聘したことに端を発して、早稲田大学の教授陣とも交流を深めていき、大学基金や研究、留学などにも支援を行うようになっていった。その過程で孫三郎は、早稲田大学の校友、さらには校賓に推挙された。

(20) 大隈重信著、相馬由也編『大隈侯論集』実業之日本社、1922年、653—654頁。

(21)『大内兵衛著作集』第12巻、岩波書店、1975年、25頁。

(22)『福沢諭吉全集』第14巻、岩波書店、1961年、195—198頁。

【第六章】

(1) 孫三郎の支援を受けた虎次郎は、「売るための画は描かぬこと、描いた画を売らぬこと」という孫三郎との約束を生涯守った。このことに関して田中日佐夫は「同年代の洋画家たちが慢性的な極度の貧困と社会の無理解の中で次々に夭折していく中で、それは恵まれていた、きわめて恵まれた一生であったといえよう」との感想を漏らしている。そして同時に「しかし、一枚の売り絵も描かずにすんだ画家が果して幸福であったかどうか、私にはやや疑問に近い想いもするのである」、「私は児島の作品を見るたびに考えこまざるをえないのである」との見解も示していた(『美術品移動史——近代日本のコレクターたち』日本経済新聞社、1981年、231頁。『改訂版　日本美術の演出者』駸々堂出版、1990年、354頁)。

売り絵をかかなかったがゆえに画商にも児島の作品はあまり知られず、評価が遅れた側面があるという。実際、絵画蒐集の担い手としては一定の評価を得てきた虎次郎について、『没後七十年　児島虎次郎展の記録』(大原美術館内「没後七十年　児島虎次郎展」実行委員会、2001年、23頁)には次のような記述がされていた。「大原家の援助のもとで制作し続けた児島は、作品が一般の目に触れる機会が少なく、その実力に比して知名度は必ずしも高いとはいえません」。

(2) 虎次郎は、ルーベンスを「官能的すぎる」といって買わなかったが、旧制第六高等学校在学中に虎次郎のアトリエをよく訪れた總一郎は、虎次郎の趣味、価値観の影響を受けたといわれている。總一郎もまた、ミレーやセガンティーニなど、田園的、非都会的なものに興味を持っていた(大岡信・小倉忠夫・藤田慎一郎座談会「大原の心を語る——還暦の美術館」『朝日新聞』1990年11月30日)。

(3) 虎次郎は、アマン＝ジャンにさらなる絵画の購入と日本への発送を依頼して帰国した。このアマン＝ジャンの骨折りに対して、孫三郎が御礼の品を贈っていたことを示すアマン＝ジャン夫人からの礼状が大原家に残

が、その実施は1916年９月１日まで引き延ばされた。その上、16歳未満の女子の深夜業禁止は、２交替制をとり入れている場合はそれから15年の間に導入すればよいとの但し書きが当初から付いていたので、実施引き延ばしによって、女子の深夜業は1931年９月１日から法律上禁止されるということになった。

しかし、その後、深刻な労働問題に直面した政府は、深夜作業廃止までの猶予期間を1926年夏頃までに短縮することを1922年末に紡績各社に諮問した。各社に異論はなかったため、翌年に改正工場法案が提出され、３月30日公布された（２交替制採用の場合は、深夜業禁止を３年間、つまり1926年３月29日まで免れることになった）。

ところが、関東大震災のためにこの改正工場法の実施は延期され、1926年７月１日から実施（猶予期間も1929年６月30日まで）となった。各社はそれまでに減産防止策を講じた。倉敷紡績も準備を進めていたため、猶予期間満了の３ヵ月前に深夜業を廃止した。

(13)『労働科学の生い立ち　労働科学研究所創立五十周年記念』167頁。

(14) 労働科学研究所編『労働科学研究所六十年史話　創立六十周年記念』49頁。

また、孫三郎は、この構想のために技師を海外視察へ派遣したのと同様、倉敷労働科学研究所設立直後には、暉峻に夫人同伴でドイツへ留学する機会を与えた。

(15) 暉峻義等『産業と人間』理想社、1940年、338―339頁。

(16)『労働科学の生い立ち　労働科学研究所創立五十周年記念』97―98頁。

(17) 次の項の回顧談も含め、大原總一郎談「二代目文化人」『続 人使い金使い名人伝』137―138、145―146頁を参照。

(18) 二村一夫「大原孫三郎が出した金」『大原社会問題研究所雑誌』No.359、1988年10月号、66頁。

また、大内兵衛は、「大内君、終戦後、財産税を納めたときは、大原の財産は一文もなかったよ。大原さんはその青年のときの言葉を実現しましたよ」という孫三郎の秘書、柿原政一郎の弁を紹介し、孫三郎の「青年時の決心も偉大であったが、一生を通じてこれを実行したそのことに、私はひどく感動したのであった」と記していた。大内は、その他にも孫三郎について「度胸と自信とは見上げたものだと思っていた」、「大原氏が巨額の富について、それを自己のものと思わずして、これを公共事業に投じたというその心掛けに帰すべきであろう。富はもちろん貴いには相違ないが、富だけで学者の心がつかめると思うのは間違いである。彼の心、彼の人道主義、それにこそ、こういうえらい学者が感動したのであったに相違ない」との感想を漏らしていた（大内兵衛『忘れ

1981年、114頁。

(2) 貴重な図書を高額を投じて購入することについて孫三郎は、次のように語っていた。「研究所は立派な研究員を持たねばならない。そんな人達に片田舎の倉敷に住んで貰《もら》う為には立派な図書を持たねばならない。本があれば学者は他の事は余り関心を持たないものである。そこで農業研究所は外国の非常に貴重な文庫を購入したりして尨大な農業図書館を持って居り、又研究所員には生命保険をかけて後顧の憂なく研究に没頭出来る様にして」いたと、藤田勉二（親戚で倉敷紡績の5代目社長）は孫三郎の言葉を伝えている（藤田勉二「大原孫三郎氏」高橋彌次郎編『日本経済を育てた人々』関西経済連合会、1955年、71頁）。大原社会問題研究所には、たとえば、マルクスの署名入りの『資本論』（初版）などもある。

(3) 大原社会問題研究所が2月に設立された1919年には、第1回国際労働会議が11月にワシントンで開催されることになった。日本も代表を送ることになり、政府代表出席者として鎌田栄吉、岡実、資本家代表として武藤山治、そして労働者代表の第二候補として高野岩三郎が選出された。

しかし、労働者代表を選出するために政府が招集した労働代表選定協議会は、友愛会や労働団体、特に海員組合をまったく無視していたため、その選出手続きに問題があったと労働団体から政府は攻撃を受けた。

労働者代表の第一候補者は、労働団体の反発を察知して辞退した。第二候補の高野は代表受諾を表明したが、受諾撤回を迫る友愛会の運動に遇い、結局、高野も代表を辞退した（法政大学大原社会問題研究所編『大原社会問題研究所五十年史〔復刻版〕』16―17頁）。

(4) 暉峻の回顧談は次の部分も含めて以下を参照。暉峻義等博士追憶出版刊行会編『暉峻義等博士と労働科学』同会、1967年、81、92頁。

(5) 同上、92頁。

(6) 労働科学研究所編『労働科学の生い立ち　労働科学研究所創立五十周年記念』74―75頁。

(7) 後述の辞典の引用も含め、暉峻義等他『労働科学辞典』河出書房、1949年、164、175頁を参照。

(8)『労働科学の生い立ち　労働科学研究所創立五十周年記念』20頁。

(9) 同上、90、113頁。

(10) 三浦豊彦『暉峻義等――労働科学を創った男』99、104頁。『労働科学研究所六十年史話　創立六十周年記念』36頁。

(11) 暉峻義等博士追憶出版刊行会編『暉峻義等博士と労働科学』138頁。

(12) 工場労働者の悪環境に法的規制を加える工場法は1911年に公布された

部房次郎伝編纂事務所、1940年)、日本銀行調査局編『日本金融史資料・昭和編』第24巻(1969年)、高橋亀吉『大正昭和財界変動史』上巻(東洋経済新報社、1954年)、傳田功「近江銀行の軌跡——日本銀行特別融通との関連」『滋賀大学経済学部附属史料館研究紀要』(滋賀大学経済学部附属史料館、1990年)、青地正史「『重役による資材提供』の論理——昭和金融恐慌を中心に」『富山大学紀要・富大経済論集』56(2)(富山大学経済学部、2010年)などを参照。

(3) 大原家と同様、新興商人(新禄)に属していた大橋家は、水田や塩田開発によって大地主となり、大原家に先立つこと1年の1861年(文久元年)に倉敷村の庄屋になった。また、大原家と同様、金融業も営み、大きな財をなし、大原家と勢力を競ってきた。負債整理に伴い、関係していた『山陽新報』を手放したが、国指定の重要文化財となっている大橋家住宅は、大橋家管理のもと、日本の伝統的な結婚式や香道の会などに開放されている。

(4) 原澄治(旧姓星島)(1878—1968)は、児島郡藤戸《ふじと》村(現倉敷市藤戸《ふじと》町《ちょう》)に誕生した。弁護士として森戸事件を担当し、衆議院議長も務めた星島二郎(1887—1980)とは縁戚関係にあった。上京して澄治と同じ下宿に滞在していた星島によると、澄治は「平河町から早稲田まで、随分遠い道を、歩いて通学」していたらしい(犬飼亀三郎編『彰邦原澄治翁』彰邦会、1969年、262頁)。澄治が「早稲田を選んだのは、大隈重信が、すでに政治家として活躍している有名人であり、一方、西洋文明を取り入れ、日本の教育文化を高めることに力をつくし、演説が上手で実行力のある人物であることを崇敬していたからであった」(犬飼亀三郎『大原孫三郎父子と原澄治』倉敷新聞社、1973年、303頁)。

(5) 匿名組合の発祥は、中世イタリアの地中海貿易にまでさかのぼることができる。貴族や聖職者など、営利行為に携わることが公になることを望まなかった身分の人々が、出資関係を秘匿しながら利益を得るための策として発展した。

【第四章】

(1) 早川良夫『勤務管理十ヶ年』健文社、1944年、8頁。

(2) 大内兵衛『忘れ得ぬ人びと』角川書店、1969年、120—122頁。

　その次に続く大内の引用は、大内賞委員会事務局編『大内兵衛と日本の統計』全国統計協会連合会、2004年、102頁を参照。

【第五章】

(1) 労働科学研究所編『労働科学研究所六十年史話　創立六十周年記念』

た書簡を次に示しておく。

①1936年5月29日発信「農研は祖先に対する報恩のため設立したので、大原家としての仕事である。労研は実際の仕事に利用し得ると思う。社会的に必要であり、利用する積りである（殊に倉絹などに)。（中略）倉絹の統一は可成早くしたいと思って居る。反省のない連中ほど困ったものなく、進歩せぬものはないと思う。倉絹を更正せしめねばならぬ事を更に急務と思って居る」。

②6月24日発信「人絹の見本を至急送るべし。集めるには特別の工夫と方法を講ずる事を要すると思う。万事に注意し、所謂よく努める事。可成委しい通信を望む」（元来、總一郎の渡航目的はこのようなものであった)。

③12月30日発信「倉絹・倉紡は姉妹会社として共存共栄の実をあげる様な空気を作り、皆の者がそれを実現させようとする傾向になりつつあるのを喜んでいる。これは当然のことであるが」。

④1937年1月3日発信「明日は大阪に行き、倉紡・倉絹合同で新年の訓示をする事になっている。倉敷でも同様、新年の祝盃を倉紡事務所で挙げた。大阪も同様姉妹会社を実際化する事になった。すべて明るくなったようである」。

⑤2月4日発信「倉絹・倉紡とも成績はよい方である。倉絹も安定したようである」。

⑥4月17日発信「株は倉紡・倉絹共百円以上になった。更に騰《あが》るように思われる。（中略）一層自重努力の時代になった。倉絹の方は人の足らぬ（人数にあらず）のに閉口して居る」。

⑦8月7日発信「倉絹も段々よくなったが、更に統制を本格的に強化する要があると思って居る。真剣味が出来技術的良心が向上すれば、更に成績を向上する事が出来ると思う。この二三年を他社と比較して見ると、足踏みをして居る。この様な成行になった事は遺憾に思って居るが、これは断行が出来なかった為で、仕事には断行の勇気と知識を要するのである。言葉は不完全であるが、この点、特に考えて置いてもらいたい」。

(15) 合成繊維ビニロンの開発に関する詳細は、兼田麗子『戦後復興と大原總一郎——国産合成繊維ビニロンにかけて』成文堂、2012年参照。

【第三章】

(1) 第一合同銀行は、1919年から1929年までの間に、たとえば、甕江銀行、庭瀬銀行、妹尾銀行、高梁銀行、成羽銀行、玉島銀行、総社銀行、福山銀行など、約20強の小銀行を合併していった。

(2) 近江銀行の整理など詳細については、熊川千代喜『阿部房次郎伝』（阿他にも宇野は、倉敷紡績の社宅を中心に職工の生活についてもいろいろ報告していた。たとえば、会社経営の販売所では、「食料、薪炭、酒醬油、荒物、呉服、小間物、紙、菓子等に至るまで、社宅在住者の生活に必要な物は、何でも供給する事になって居る。此処で物品の供給を受けようと思うには、現金払いと、信任供給者と云う一部の人の他は、社宅係りの工銀通知と云うものによって、取引をする事になって居る」と伝えていた（314頁）。

(12) 大津寄勝典『大原孫三郎の経営展開と社会貢献』38—39頁。

(13) 孫三郎は、倉敷紡績のみならず、倉敷絹織においても青年学校を、倉敷工場、新居浜の工場内に1935年に設立していた。「孫三郎の方針のもと、従業員教育の一環として、早くから男子を対象とした青年訓練所を設けて教育を行う一方、女子には寄宿舎の裁縫室や広間において、裁縫を中心に寺子屋式教育を実施していた。同時に、従業員の融和と職場の明朗化を図るため、スポーツにも力を注ぎ、野球・テニス・バレーボール・水泳・弓術など」が奨励されるに至った。

このことも含め、現在の株式会社クラレの前身、倉敷絹織の設立の前後過程の詳細については、大原孫三郎関連書籍の他、『創新——クラレ80年の軌跡　1926—2006』（株式会社クラレ、2006年）、『回顧六十五年』（倉敷紡績株式会社、1953年）、『倉敷紡績百年史』（倉敷紡績株式会社、1988年）、『創立拾五年記念　倉敷絹織株式会社沿革史抄』（倉敷絹織株式会社大阪出張所、1940年）、『大原總一郎随想全集』第1巻（福武書店、1981年）、大原總一郎「誕生日——六月二四日の対話」『倉敷レイヨン時報』6月号（倉敷レイヨン、1957年）他を参照。

(14) 大原總一郎「父の仕事」『大原總一郎年譜』〈資料編〉株式会社クラレ、1980年、12—13頁。

なお、總一郎は、第二次世界大戦後の持株会社整理のさいに、社長を務めていた倉敷紡績と倉敷絹織のうち、倉敷絹織のみの経営にあたることを選択した。孫三郎が最初から経営に従事していた倉敷紡績ではなく、倉敷絹織を選んだことについて、總一郎の長男、大原謙一郎は、孫三郎が着手した合成繊維づくりという新しい挑戦、イノベーションとクリエーションにかけようと考えたのではないか、と推測している。さらに、ここではもう1つの可能性にふれておきたい。

欧州留学中の總一郎に対して孫三郎は54通の書簡を送っていた。そのなかでは事業のことについても、もちろん伝えており、ことに倉敷絹織については、かなり心を砕いていた様子がうかがえる。孫三郎のそのような思いを知っていた總一郎は、孫三郎のためにも自分が引き継いで発展させようと思ったのではないか。倉敷絹織への孫三郎の思いを綴っ明治政府は、殖産興業政策の下、官営事業中心で産業の近代化の推進を試みたが、財政負担と赤字によって政策転換を余儀なくされ、官営事業は民間へ払い下げられた。しかし、政府に払い下げられて発足した紡績会社も当初は経営が難しかった。ところが、大阪紡績の経営が成功すると、1890年前後から企業勃興熱が起こり、「東洋のマンチェスターにする」という意気込みを持った人々によって、紡績会社が各地に続々と設立されるようになった。多くの小規模な紡績会社が乱立するようになったが、国内綿糸の生産高は、輸入高を上回るようになり、紡績業が日本の第一次産業革命の主導部門となった。

(2)『回顧六十五年』倉敷紡績株式会社、1953年、102頁。

(3) 同上、130頁。

(4) クルップ社については、ライン史学協会連盟共同研究部第4次(1938)年報『クルップ研究』伊藤浩夫訳、北陸館、1944年他を参照。

(5)『回顧六十五年』113頁。

(6) 同上、111頁。

2階建て寄宿舎の増築計画の中止に伴い、すでに購入してあった用材も使われないことになった。そこで孫三郎個人がこの不要材木を買い取り、寄宿舎増築を検討していた山陽高等女学校へ寄付した。

(7)『回顧六十五年』147―148頁。

(8) 渡辺俊一「日本的田園都市論の研究(二):内務省地方局有志(編)『田園都市』(明治40年)をめぐって」『昭和53年度日本都市計画学会学術研究発表会論文集』日本都市計画学会、1978年11月、283頁も参照。

(9) 孫三郎の労働者の住居改革については、「人道主義的な雇用施策で知られている大原だが、採算を度外視することは決してない経営者としての顔が」あったという見解もある。確かにそのとおりであろう(石田頼房「19世紀イギリスの工業村——田園都市理論の先駆け・実験場としての工業村:三つの典型例」『総合都市研究』第42号、東京都立大学都市研究所、1991年3月、145頁:中野茂夫・平井直樹・藤谷陽悦「倉敷紡績株式会社の寄宿舎・職工社宅の推移と大原孫三郎の住宅施策——近代日本における紡績業の労働者住宅　その1」『日本建築学会計画系論文集』第76巻第659号、193―202、2011年1月、196頁)。

(10) 石田頼房「19世紀イギリスの工業村——田園都市理論の先駆け・実験場としての工業村:三つの典型例」144―145頁:中野茂夫・平井直樹・藤谷陽悦「倉敷紡績株式会社の寄宿舎・職工社宅の推移と大原孫三郎の住宅施策——近代日本における紡績業の労働者住宅　その1」201頁。

(11) 宇野利右衛門『職工問題資料(二)　職工の住居と生活』工業教育会出版部、1913年、304、322頁。

ぬよう。各方面の人々に接する事、その内に得る処《ところ》があるか、自信を得られるかと思う。努めて所謂《いわゆる》偉い人に会う事がよいと思う」と、また、11月14日発信のなかで、「対等の人のみと交際していたのではよろしくない。わがままの出来る交際は注意する事。大使館などで認識させるよう努める事。（中略）所謂偉い人と交際する事を努める事。その内に得る処がある。先輩に認識させる事は将来に対し必要の事である」というアドバイスを書き送っていた。人との交流に関するこの戒めは、年長の林源十郎や石井十次を皮切りに、日曜講演会で知遇を得るようになった有識者との交流によって、「主張をもった」生涯を目指すようになった孫三郎のまさに実体験に基づいたものだと考える。

(9)『石井十次日誌（明治四十一年）』石井記念友愛社、1979年、108、110、207頁。

(10) 本項でふれた尊徳の言葉は、福住正兄筆記、佐々井信太郎校訂『二宮翁夜話』岩波書店、1933年、4、70、126、41、115頁を参照。

(11) 芝野庄太郎『ロバート・オーエンの教育思想』御茶の水書房、1961年、86頁。

(12) 永井義雄『ロバート・オーエン試論集』ミネルヴァ書房、1974年、179—180頁。

オーエンが「原理」と主張した性格形成についての考えを説明しておこう。オーエンは、人間性は根本的に善であり、人は自らの性格をつくることはできない、人の性格をつくるのは環境や社会であって、優れた環境や良い習慣に囲まれるならば、人間は他者への共感と人間愛しか持たなくなると確信していた。また、オーエンは、人間の性格形成上の最も重要な時期は幼児期であるととらえ、そのため、世界ではじめての幼稚園とみなされる性格形成学院を1816年に開設した。

【第二章】

(1) 大津寄勝典『大原孫三郎の経営展開と社会貢献』日本図書センター、2004年、28頁。

紡績業一般について少しふれておこう。鎖国が解かれた明治時代には産業構造に大きな変化が起こった。機械生産された安価な綿織物や綿糸が国外から大量に流入した。農家の副業となっていた手紡ぎの綿糸は大きな打撃を被り、輸入した機械を使用しての大規模な工場制紡績業にとって代わられた。綿や麻などの原料から引きのばし、よりあわせて糸の状態にする紡績業とは異なり、蚕の繭から絹糸を取り出す製糸業のほうは、欧米での生産高が低かったため、国際競争力を有し、主要な輸出産業となっていった。

注

引用文はすべて、新字体、現代仮名遣い、平仮名に統一した。

【はじめに】

(1)『大原總一郎随想全集』第1巻、福武書店、1981年、92頁。
(2) 同上、98頁。
(3) 田崎の回顧談はすべて大原家所蔵のインタビュー録を参照。
(4)『大原總一郎随想全集』第1巻、93頁。

【第一章】

(1) 久留島浩『近世幕領の行政と組合村』東京大学出版会、2002年、91頁。
(2) この項目と次の項目での考察は、倉敷市史研究会編『新修倉敷市史』第4巻（倉敷市、2003年、178—180、208—209、214—217頁）、山本太郎「倉敷代官所の中間支配機構」倉敷市史研究会編『倉敷の歴史——倉敷市史紀要』第8号（倉敷市、1998年、32—52頁）他を参照。
(3) 社会主義者、山川均が後年、不敬罪で重禁固刑に処されたとき、孫三郎は巣鴨《すがも》監獄まで面会に行ったことがあった。家族以外は面会不可で、孫三郎は会えずじまいだったが、山川は孫三郎が面会に来たことを後で知ったという。山川の出獄後も、交流は続いた。なお、山川は孫三郎を米国の近代実業家、アンドリュー・カーネギーの日本版だと称していた。
(4)『藤原敝一自叙伝』藤原芳弘・あぐり、1984年、30—32、47—48頁。
(5) 大原家に残っている閑谷黌への入学願（1894年12月11日付）の左端には、閑谷黌による「承届候」「明治二十七年十二月十五日」の赤字と割印が認められる。なお、この入学願には、裳掛《もかけ》村の山口嘉三治という人物（詳細は不詳）と義兄の原邦三郎の両名が証人として名前を連ねていた。
(6) 閑谷黌時代の孫三郎が、たびたび本や雑誌を購入していたことは、現存する「受領証」からもわかる。たとえば、1891年7月には「日本之少年　自十八　至廿九　十二冊」を「博文館」から購入している。また、岡山市の「書肆　山本金正堂」からは本文中でふれた『政治汎論』（1896年5月購入）の他に、『欧州新政史』上下を「壱円六十五銭」で同じ年の9月に購入している。
(7) 邦三郎の生母は、緒方洪庵《おがたこうあん》の生家、備中足守《あしもり》藩佐伯家の娘であった。
(8) 孫三郎は欧州視察中の長男總一郎に宛てた1936年9月28日発信の書簡の中で「会計日記は送るに及ばず。無駄のないよう、義理を欠くことのないよう、面目を損せぬよう、各方面の経験を得るよう、悪習慣をつけ

参考文献

佐藤寛子「大原總一郎氏」『毎日新聞』夕刊、1979年１月30日

吹き』有斐閣、1998
長幸男編『現代日本思想大系11　実業の思想』筑摩書房、1964
土屋喬雄『日本資本主義史上の指導者たち』岩波書店、1939
土屋喬雄『続　日本経営理念史』日本経済新聞社、1967
中川敬一郎・由井常彦編『財界人思想全集』第1巻、ダイヤモンド社、1969
宮本又郎『日本の近代11　企業家たちの挑戦』伊藤隆（ほか）編、中央公論新社、1999
『鐘紡百年史』鐘紡株式会社、1988
『武藤山治全集』第1巻－8巻、増補、新樹社、1966
武藤絲治『糸ぐるま随筆』四季社、1953
有竹修二『武藤山治』時事通信社、1962
入交好脩『武藤山治』吉川弘文館、1964
筒井芳太郎『武藤山治伝　武藤絲治伝』東洋書館、1957
植松忠博『國民會館叢書8　武藤山治の思想と実践』國民會館、1994
桑原哲也『國民會館叢書9　武藤山治の経営革新――現場主義的経営の形成』國民會館、1994
武藤治太・谷沢永一・植松忠博共著『國民會館叢書38　武藤山治の実像と業績』國民會館、2001
山本長次「武藤山治の経営理念の形成と確立」『経済論集』第19号、国学院大学大学院経済学研究科、1990
菊池武徳『中上川彦次郎君』大空社、2000
大西理平編『朝吹英二君伝』大空社、2000
吉野作造「代表的資本家の労働問題観」『吉野作造博士　民主主義論集』第5巻、新元社、1947

【第八章】
稲葉秀三「大原総一郎氏を想う――人間と思想と実践の発展について」『フェビアン研究』19(12)、日本フェビアン研究所、1968年12月号
金子宏二「市島謙吉書簡（原澄治宛四通）――寺尾元彦留学一件資料」『早稲田大学史記要』第32巻〈通巻第36号〉、早稲田大学大学史資料センター、2000
兼田麗子「大原孫三郎と周辺人物の人育て」早稲田大学日本地域文化研究所編『日本地域文化ライブラリー5　肥前の歴史と文化』行人社、2010
兼田麗子『戦後復興と大原總一郎――国産合成繊維ビニロンにかけて』成文堂、2012
上山明博「“第三の繊維”ビニロンの発明者――桜田一郎」『FUJITSU 飛翔』第48巻、富士通「FUJITSU 飛翔」編集室、2003年

大岡信・小倉忠夫・藤田慎一郎座談会「大原の心を語る——還暦の美術館」『朝日新聞』1990年11月30日
児島直平『児島虎次郎略伝』児島虎次郎伝記編纂室、1967
「倉敷物語二十二」『朝日新聞』1995年３月16日朝刊
藤田慎一郎『大原美術館六十年の歩み』1991年の講演録
『柳宗悦全集』著作篇16巻、筑摩書房、1981
中見真理『柳宗悦——時代と思想』東京大学出版会、2003
水尾比呂志『評伝柳宗悦』ちくま学芸文庫、2004
濱田庄司『無盡蔵』講談社文芸文庫、2000

【第七章】

田口卯吉「東京府会常置委員四大意見」『鼎軒田口卯吉全集』第５巻、吉川弘文館、1928
『養育院八十年史』東京都養育院発行、1953
東京都養育院編『養育院百年史』東京都、1974
『養育院百二十年史』東京都養育院編集発行、1995
大谷まこと・一番ヶ瀬康子編『シリーズ福祉に生きる11　渋沢栄一』大空社、1998
渋沢栄一述・中里日勝編『日本〈子供の歴史〉叢書27　回顧五十年——東京市養育院／福田会沿革略史』久山社、1998
小貫修一郎編著『青淵回顧録』上下、青淵回顧録刊行会、1927
『渋沢栄一伝記資料』第21巻、31巻、渋沢青淵記念財団龍門社、1958、1960
山本勇夫編『渋沢栄一全集』第１－６巻、平凡社、1930
渋沢秀雄『明治を耕した話』青蛙房、1977
渋沢華子『徳川慶喜最後の寵臣　渋沢栄一——そしてその一族の人びと』国書刊行会、1997
小野健知『渋沢栄一と人倫思想』大明堂、1997
渋沢研究会編『公益の追求者・渋沢栄一』山川出版社、1999
山名敦子「明治期の東京養育院——『公設』の原型をめぐる」渋沢研究会編『渋沢研究』第４号、渋沢資料館、1991
『生活古典叢書第四巻　職工事情』光生館、1971
細井和喜蔵『女工哀史』岩波文庫、1954
飯島幡司『日本紡績史』創元社、1949
桑田熊蔵『工場法と労働保険』隆文館、1910
隅谷三喜男『日本賃労働史論』東京大学出版会、1955
間宏『日本的経営の系譜』日本能率協会、1963
伊丹敬之・加護野忠男・宮本又郎・米倉誠一郎編『企業家の群像と時代の息

『三井記念病院　百年のあゆみ』三井記念病院、2009

【第五章】

『大原農業研究所史』大原奨農会編・発行、1961
『柳田国男先生著作集 第四冊 時代ト農政』実業之日本社、1948
明治史料研究連絡会編『明治史研究叢書〈第5巻〉地主制の研究』御茶の水書房、1957
岡山大学農業生物研究所史編さん委員会編『岡山大学農業生物研究所史』岡山大学資源生物科学研究所、1992
法政大学大原社会問題研究所編『大原社会問題研究所五十年史』（復刻版）レビュージャパン、2001
大島清『高野岩三郎伝』岩波書店、1968
河上肇『貧乏物語』岩波書店、1947
『福沢諭吉全集』第14巻、岩波書店、1961
『暉峻義等博士と労働科学』暉峻義等博士追憶出版刊行会編・発行、1967
暉峻義等他『労働科学辞典』河出書房、1949
『労働科学の生い立ち　労働科学研究所創立五十周年記念』労働科学研究所編・発行、1971
『労働科学研究所六十年史話　創立六十周年記念』労働科学研究所編・発行、1981
三浦豊彦『暉峻義等——労働科学を創った男』リブロポート、1991

【第六章】

上田篤「都市の実験④　グスク 首里」『諸君！』8月号、文藝春秋、1981
上田篤「都市の実験⑤　美術館の倉敷」『諸君！』9月号、文藝春秋、1981
上田恭嗣『薬師寺主計——アール・デコの建築家』山陽新聞社、2003
高階秀爾『日本近代美術史論』改訂版、ちくま学芸文庫、2006
田中日佐夫『美術品移動史——近代日本のコレクターたち』日本経済新聞社、1981
田中日佐夫『改訂版　日本美術の演出者』駸々堂出版、1990
辻永「倉敷の名画を見る」『中央美術』2月号、中央美術社、1922
原道彦「大原美術館の71年」（看護管理研究会での文化講演録）、『日本病院会雑誌』49(5)、2002
松岡智子・時任英人編著『児島虎次郎』山陽新聞社、1999
山陽新聞社編『夢かける——大原美術館の軌跡』山陽新聞社、2003
『没後七十年　児島虎次郎展の記録』（大原美術館内「没後七十年　児島虎次郎展」実行委員会、2001

市研究所、1991
中野茂夫・平井直樹・藤谷陽悦「倉敷紡績株式会社の寄宿舎・職工社宅の推移と大原孫三郎の住宅施策——近代日本における紡績業の労働者住宅　その１」『日本建築学会計画系論文集』76(659)、2011
宇野利右衛門『職工問題資料（二）　職工の住居と生活』工業教育会出版部、1913
宇野利右衛門「倉敷紡績万寿工場の職工教育」『職工問題資料　Ｇ六十八』工業教育会、1922
『倉敷アイビースクエア二十年史』株式会社倉敷アイビースクエア編集・発行、1993

【第三章】

熊川千代喜『阿部房次郎伝』阿部房次郎伝編纂事務所、1940
日本銀行調査局編『日本金融史資料・昭和編』第24巻、1969
高橋亀吉『大正昭和財界変動史』上巻、東洋経済新報社、1954
傳田功「近江銀行の軌跡——日本銀行特別融通との関連」『滋賀大学経済学部附属史料館研究紀要』滋賀大学経済学部附属史料館、1990
青地正史「『重役による私財提供』の論理——昭和金融恐慌を中心に」『富山大学紀要・富大経済論集』56(2)、富山大学経済学部、2010
創立五十周年記念編纂委員会編『中国銀行五十年史』中国銀行、1983
大蔵省編纂『明治大正財政史』財政経済学会、1936—1940
日本銀行岡山支店編『岡山金融経済史』日本銀行岡山支店、1972
中国地方電気事業史編集委員会編『中国地方電気事業史』中国電力、1974
栗原東洋編『現代日本産業発達史　三　電力』現代日本産業発達史研究会、1963
堀内昭義「小銀行と工業化——日本の経験」『中小企業総合研究』創刊号、2005
内藤純一「金融の1930年代モデルの終焉と二十一世紀型システムへの展望」『PRI Discussion Paper Series（No.03A-12）』財務省財務総合政策研究所研究部、2003

【第四章】

三島市郷土館編「連隊の町—三島（一）」『郷土館だより』通巻第29号、三島市教育委員会、1988
早川良夫『勤務管理十ヶ年』健文社、1944
75周年記念事業委員会編『倉敷中央病院75周年記念誌』財団法人倉敷中央病院、1999

大内兵衛『経済学五十年』東京大学出版会、1960
大内兵衛『忘れ得ぬ人びと』角川書店、1969
大内賞委員会事務局編『大内兵衞と日本の統計』全国統計協会連合会、2004
山川菊栄・向坂逸郎編『山川均自伝――ある凡人の記録』岩波書店、1961
『藤原敝一自叙伝』藤原芳弘・あぐり、1984

【第一章】
倉敷市史研究会編『新修倉敷市史』第3巻近世（上）、第4巻近世（下）、第5巻近代（上）、第6巻近代（下）、倉敷市、2000―2004
山本太郎「倉敷代官所の中間支配機構」倉敷市史研究会編『倉敷の歴史――倉敷市史紀要』第8号、倉敷市、1998
久留島浩『近世幕領の行政と組合村』東京大学出版会、2002
財団法人特別史跡旧閑谷学校顕彰保存会編『閑谷学校ゆかりの人々』山陽新聞社、2003
富田高慶『報徳記　現代語版』文理書院、1948
福住正兄筆記、佐々井信太郎校訂『二宮翁夜話』岩波書店、1933
守田志郎『二宮尊徳』朝日新聞社、1989
柴田善守『石井十次の生涯と思想』春秋社、1964
同志社大学人文科学研究所編『石井十次の研究』同朋舎、1999
柿原政一郎『石井十次』日向文庫刊行会、1953
石井記念協会『石井十次伝』大空社、1987
石井十次『石井十次日誌』石井記念友愛社、1953―1983
100周年記念誌委員会編『石井十次の残したもの――愛染園セツルメントの100年』石井記念愛染園隣保館、2010
ロバアト・オウエン『オウエン自叙伝』五島茂訳、岩波文庫、1961
ロバアト・オウエン協会編『ロバアト・オウエン論集』家の光協会、1971
芝野庄太郎『ロバート・オーエンの教育思想』御茶の水書房、1961
永井義雄『ロバート・オーエン試論集』ミネルヴァ書房、1974

【第二章】
ライン史学協会連盟共同研究部第4次（1938）年報『クルップ研究』伊藤浩夫訳、北陸館、1944
渡辺俊一「日本的田園都市論の研究（二）：内務省地方局有志（編）『田園都市』（明治40年）をめぐって」『昭和53年度日本都市計画学会学術研究発表会論文集』日本都市計画学会、1978
石田頼房「19世紀イギリスの工業村――田園都市理論の先駆け・実験場としての工業村：三つの典型例」『総合都市研究』第42号、東京都立大学都

参考文献

孫三郎について示した事柄、言葉は、特に注記のない限り、次の文献を参照。

大原孫三郎傳刊行会編『大原孫三郎傳』中央公論事業出版、1983
犬飼亀三郎『大原孫三郎父子と原澄治』倉敷新聞社、1973
『敬堂大原孫三郎伝草案』1955
『大原總一郎随想全集』全4巻、福武書店、1981
兼田麗子『福祉実践にかけた先駆者たち——留岡幸助と大原孫三郎』藤原書店、2003
兼田麗子『大原孫三郎の社会文化貢献』成文堂、2009
大原家所蔵のインタビュー録

その他の主たる参考文献

【大原孫三郎に関する文献】

大原謙一郎談「倉敷からの発信を続けて——大原家の精神」『ラジオ深夜便』6月号、NHKサービスセンター、2006
大原謙一郎『倉敷からはこう見える』山陽新聞社、2002
猪木武徳「大原孫三郎——稀代の社会事業家」『経営に大義あり——日本を創った企業家たち』日本経済新聞社、2006
浮田和民「第二十世紀式の公共的事業家——備中倉敷の大原孫三郎君」『太陽』18(2)、博文館、1912
大津寄勝典『大原孫三郎の経営展開と社会貢献』日本図書センター、2004
倉敷紡績株式会社編『回顧六十五年』倉敷紡績株式会社、1953
『創新——クラレ80年の軌跡 1926—2006』株式会社クラレ、2006
中村竹二編『続 人使い金使い名人伝』実業之日本社、1953
二村一夫「大原社会問題研究所を創った人びと」『大原社会問題研究所雑誌』No.426、法政大学大原社会問題研究所、1994年5月号
二村一夫「大原孫三郎と河上肇」『大原社会問題研究所雑誌』No.360、法政大学大原社会問題研究所、1988年11月号
二村一夫「大原孫三郎が出した金」『大原社会問題研究所雑誌』No.359、法政大学大原社会問題研究所、1988年10月号
藤田勉二「大原孫三郎氏」高橋彌次郎編『日本経済を育てた人々』関西経済連合会、1955
『大内兵衛著作集』第3巻、岩波書店、1975
大内兵衛『高い山——人物アルバム』岩波書店、1963

【ら行】

【わ行】

【は行】

【ま行】

【や行】

【か行】

索　引

読み方が不明の人名は一般的と思われる読み方に従った。

【あ行】

兼田麗子（かねだ・れいこ）

1964年，静岡県下田市生まれ．2004年，早稲田大学大学院社会科学研究科博士後期課程単位取得退学．博士（学術）（早稲田大学）．早稲田大学日本地域文化研究所客員准教授等を経て，現在，桜美林大学ビジネスマネジメント学群教授．専攻，社会・経済・経営・政治史，および思想．

主著『福祉実践にかけた先駆者たち――留岡幸助と大原孫三郎』（藤原書店，2003年）
『大原孫三郎の社会文化貢献』（成文堂，2009年）
『戦後復興と大原總一郎――国産合成繊維ビニロンにかけて』（成文堂，2012年）
ほか

大《おお》原《はら》孫《まご》三郎《さぶろう》
――善意《ぜんい》と戦略《せんりゃく》の経営者《けいえいしゃ》

中公新書 *2196*

2012年12月20日初版
2023年2月28日3版

著　者　兼田麗子
発行者　安部順一

本文印刷　三晃印刷
カバー印刷　大熊整美堂
製　本　小泉製本

発行所　中央公論新社
〒100-8152
東京都千代田区大手町 1-7-1
電話　販売　03-5299-1730
　　　編集　03-5299-1830
URL https://www.chuko.co.jp/

Published by CHUOKORON-SHINSHA, INC.
Printed in Japan　ISBN978-4-12-102196-0 C1221

中公新書

現代史

2570 佐藤栄作 村井良太
2186 田中角栄 早野透
1976 大平正芳 福永文夫
2351 中曽根康弘 服部龍二
2726 田中耕太郎―闘う司法の確立者、世界法の探究者 牧原出
2512 高坂正堯―戦後日本と現実主義 服部龍二
2710 日本インテリジェンス史 小谷賢
1574 海の友情 阿川尚之
1875 「国語」の近代史 安田敏朗
2075 歌う国民 渡辺裕
2332 「歴史認識」とは何か 大沼保昭 江川紹子
1804 戦後和解 小菅信子
1900 「慰安婦」問題とは何だったのか 大沼保昭
2624 「徴用工」問題とは何か 波多野澄雄
2359 竹島―もうひとつの日韓関係史 池内敏

1820 丸山眞男の時代 竹内洋
2714 国鉄―「日本最大の企業」の栄光と崩壊 石井幸孝
2237 四大公害病 政野淳子
1821 安田講堂 1968-1969 島泰三
2110 日中国交正常化 服部龍二
2150 近現代日本史と歴史学 成田龍一
2196 大原孫三郎―善意と戦略の経営者 兼田麗子
2317 歴史と私 伊藤隆
2301 核と日本人 山本昭宏
2627 戦後民主主義 山本昭宏
2342 沖縄現代史 櫻澤誠
2543 日米地位協定 山本章子
2720 司馬遼太郎の時代 福間良明
2649 東京復興ならず 吉見俊哉
2733 日本の歴史問題(改題新版) 波多野澄雄